U0612759

农业多边谈判国内支持规则的
形成机制与约束效果研究

Research on Formation Mechanism and Bound
Effects of Domestic Support Regulation in
Agricultural Multilateral Negotiation

郭丽楠　田志宏　徐　明　著

中 国 农 业 出 版 社

北 京

前　　言

近年来，基于政治因素产生的多双边贸易摩擦大有不断升级之势，使得对一国农业保护水平变化长期经济规律的研究显得不够热门与突出。然而，从长远来看，经济全球化仍将是趋势，世界贸易组织（WTO）及其前身为全球贸易自由化所做的努力也不可能被全盘否定。世界各国在共有的国际贸易规则基础上开展贸易与合作，仍是未来可持续的双赢模式。当然，随着一些新兴国家的崛起及国际经济政治实力格局的变动，对既有的国际规则进行调整与完善是大势所趋。此种背景下，给中国等新兴国家带来更多的是机遇。

在 WTO 农业谈判机制中，市场准入、国内支持和出口补贴是传统的三大支柱议题，其中市场准入议题已经取得较为可喜的成绩，出口补贴也曾达成过全面取消的协议，而国内支持议题是最复杂的农业谈判议题，它因为涉及成员自身各种类型的农业政策，且不同农业发展水平成员之间的农业政策差异也很大，因此，在多边谈判中面临的分歧最多，使得部分学者开始质疑国内支持规则在约束各成员农业政策方面的公平性与效率性。

随着我国经济的迅速腾飞，对农业保护的增长是必然，但增长到何种程度会放慢速度，甚至将来是否会在高水平下呈现波动性下降趋势，这些问题甚有意义，但当前尚未受到学者的广泛关注。从国际视角来认识国内支持规则运行的经济学机制及其现实效率，并从动态视角认识国内支持规则的约束对象——各国（地区）农业保护水平的特征，有助于更全面和长远地来看待和认识多边谈判中的国内支持规则问题。从经济视角客观描述农业保护水平变化的国际规律，是本书内容的主要创新之一。

围绕这一出发点，本书将客观分析其产生与演变过程、约束效率，及其约束的对象——农业保护水平的国际变化规律，最后分析其应用到中国后面临的问题及中国的应对策略等。具体研究内容分为4部分：第一部分，基于历史资料梳理了农业国内支持规则得以产生的过程。第二部分，在梳理农业保护政策理论依据的基础上，使用国际长时序数据分析决定各国（地区）农业保护水平的影响因素，探讨发达成员和发展中成员的不同，尝试回答发展中成员是否会遵循发达成员的农业保护道路前行这一问题。第三部分，从公平性、有效性、实施监督及强制执行4个方面对国内支持规则的约束效率进行考核。第四部分，将中国的主要农业政策与WTO国内支持规则条款进行逐条对照，识别出将规则应用到中国面临的几个难题。

本书研究期间为2009—2013年，故而部分数据未更新，在此向读者表示歉意。仅希望书中有关国际农业规则及农业保护水平的国际规律的内容能对读者起到抛砖引玉的作用。本书要特别感谢农业农村部国际合作项目及防灾科技学院中央高校科研基金（项目编号：ZY20180225）的支持。

由于时间有限，本书瑕疵或谬误之处在所难免，恳请读者批评指正。

作　者

2019年3月

目　　录

1 绪　　论

1.1　研究背景及意义

与农业有关的议题一直是 WTO 多边谈判中最重要和最具争议的议题。占世界商品贸易额不足 9% 的农产品，成为阻碍多边谈判取得成功的关键因素，农业谈判几乎成为 WTO 谈判的同义词（Nanda，2008）。为了有效地进行农业谈判，在乌拉圭回合谈判过程中，关税及贸易总协定（简称关贸总协定，英文简称 GATT）把农业议题分为市场准入、国内支持和出口补贴三大支柱议题，分别对各个议题进行了规定或者约束。多哈回合农业谈判延续了这一谈判模式，并希望在成员的共同参与下，通过对乌拉圭回合《农业协定》的修订来达成新一版农业多边协议。

虽然国内支持议题对贸易的扭曲程度较为间接，但却是三大支柱议题中最复杂和难达成的一项。究其原因，一是涵盖的政策范围最广，包括了成员对农业的所有国内支持政策；二是面临的挑战最大，因为在国际农产品贸易自由化进程中，相对于边境贸易政策，国内支持政策的成员之间差异更大，意味着建立具有普遍信服力的国际规则的难度也更大。

纵观 WTO 农业谈判历程可以看出，随着国际贸易形势的变化、多哈回合谈判的几番曲折，以及部分成员自身的农业发展与布局调整，发达成员与发展中成员对国内支持有关议题的观点和态度都在发生变化，使得对 WTO 国内支持规则的需求更具有挑战性。现实难题的存在，不得不引起学者更为深层次的思考，如当前国内支持规则是否有效发挥了约束成员的国内支持政策的效应，未来还能否继续发挥它调节各成员行为准则的作用，应该从哪些方面对规则进行调整等。

从经济学、国际制度学等视角对这些问题进行深层次剖析，对于认清谈判本质与规则的可能演变方向都将具有较大帮助。从文献工作来看，以往的研究对此问题的关注并不充分，多是在假定规则外生的情况下研究一国政策的调整和效率问题。可见，研究国内支持规则的作用原理和问题本质是理解和化解谈判矛盾的前提，是一项必须开展的基础性研究工作。为寻找问题的答案，需要重新考量国内支持规则，从它的起源、作用原理和形成动因开始，评价其生效后的约束效率，识别和分析影响其约束效率的内外因素，并给予合理和可操作的调整建议。

此外，作为一个发展中的新成员，中国的农业国内支持政策正在发生着重大改变，不久的将来，或会受到 WTO 规则的直接约束。此种情况下，中国应该如何适应国内支持规则，并在谈判中有效表达自己的利益关注？这是中国农业政策决策者需要首先明确的问题。基于对以上问题的思考，本书尝试从经济学和国际制度学的角度考察 WTO 农业国内支持规则的作用机制、效果及对中国的影响。

1.2　国内外研究现状

本书对已有相关研究分 4 部分进行了梳理。

1.2.1　有关国际规则的理论研究

纵观各种学科理论的创立历史，无不是从解决或解释某一实际问题的需求出发而逐渐形成。有关国际规则的研究也不例外，其兴起主要源自世界两次大战后恢复世界经济及政治秩序的诉求。WTO 秘书处在《2007 世界贸易报告》中指出，"由于缺乏旨在消除战时管制并为战后经济的有序过渡创造条件的国际协调，不确定性和不信任感日益滋长""使得国际贸易用了近 10 年的时间才恢复到第一次世界大战前的水平"。随着布雷顿森林货币体系及关贸总协定（GATT）的签订，由英、美、俄等大国主导的国际秩序看起来开始逐渐地井然有序地恢复，但随着世界经济一体化的深入及发展中国家的成长，置身于国际制度之中的国家开始就各国如何保持经济和政治关系进行重新思考，甚至提出要重新定位和研究现存的国际机构的要求。多边贸易体制面临相当大的挑战，包括谈判未完成带来的短期挑战，以及其作为一个拥有调解国际贸易关系所必需的合法性及扮演角色的挑战（WTO 秘书处，2008）。

对此，各国学者展开了系列研究，有关的经济学、政治经济学、法学和国际关系理论等逐渐丰富，但由于将国际问题抽象简化的难度较大，因此相关的实证研究尚不多见。

1.2.1.1　相关概念

国际关系（relations）理论研究自 20 世纪 30 年代开始发展，现在将其看作是政治学的一个分支，研究国际社会之间的外交事务和关系，包括合作、霸权、多极等多种形式，涉及哲学、经济、地理、社会等各个方面（阎学通等，2008）。

国际制度（regime）理论兴起于 20 世纪 70 年代，但其定义被反复讨论，至今未有统一定论。较为抽象的定义是，在国际关系某一特定领域认识上趋于一致的原则、规范、规则和决策程序（马丁和西蒙斯，2006）。大部分学者认为国际制度的存在有两个前提，一是国际社会是无政府状态或无序状态；二是国家是有限理性的"经纪人"。屠启宇（1997）等又把国际制度的假定前提条件增多到 7 个，包括国际社会交易费用大于零、国际社会存在信息不完全和不对称、国家存在机会主义行为倾向等。进一步地，蓝海涛（2001）认为这些假定在国际农业贸易领域都成立，且存在大小国之分。对国际规则定义的争论较少，主要指由参与者共同遵守的制度或章程。

可见，国际关系是所有涉及国际事务的统称，涵盖范围最广；国际制度则属于某一国际关系领域内形成的统一规范，与国际规则更为相似。本书将国际规则看作国际制度内的某一具体规则，比国际制度更为具体。例如，认为 GATT/WTO 是依据制定的各项贸易协议、规则的国际制度而成立的国际组织，其中有关农业的国内支持条款是一项具体规则。按照这一包含关系，在国际关系理论中，国际合作理论可向国际制度推广；国际制度理论，在进行特定扩展后，也可以推广适用于某项规则。在下文中，除非必要，不做特别区分。

1.2.1.2　国际关系理论

冲突与合作，是国际关系研究的永恒主题（秦亚青，2008）。随着国际合作的深入和更多问题的出现，围绕"冲突与合作，何为主流"这一问题，国际关系理论经历了三大理论体系的转变，从"大孩子代替家长"的现实主义，发展到"大小孩子商议建立制度"的自由主义，再到"构建平等文化为先"的建构主义（表1-1），可看出存在重新认识国际关系的发展倾向。

表1-1　国际关系理论的发展及主要学派

时代	学派	核心观点	代表性人物
20世纪30—70年代	现实主义理论、新现实主义理论	国家间冲突根本上不可改变；维持国际和平的关键是大国间的实力分配和力量制衡。	卡普兰（Laplan）克拉斯纳（Kranser）
20世纪70年代至今	新自由主义	国际冲突可抑制；除了物质权益，国家之间的相互依存、国际制度的规约作用，都可以降低战争的危险。	基欧汉（Keohane）约瑟夫（Joseph）
20世纪90年代至今	建构主义	和平或冲突，都可构建；国际关系是由国家主体构建的，取决于观念；应多构建和平的观念和文化。	温特（Wendt）卡赞斯坦（Katzenstein）

资料来源：秦亚青为《国家权力与世界市场》（2008）一书所作的总序。经作者整理得到。

WTO秘书处对国际关系理论体系进行了更为系统的梳理，采用"社会学分析方法"和"理性程度"两个维度，将国际关系理论分为了8种理论，见图1-1。

在此二维图中，每个理论都有自己的坐标，反映其方法和决策

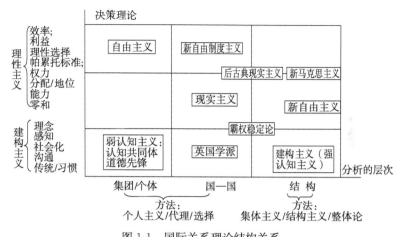

图 1-1　国际关系理论结构关系

资料来源：WTO 秘书处《2007 世界贸易报告》，2008 年。

依据的特征，也可使读者更加明白之间的相互关系，正如李钢（2000）、门洪华（2000）等学者所强调的，各种理论本质是相通的。举例来看，新自由制度主义注重理论，认为各国合作的真实目的是提高彼此的效率；自由主义更加突出国家进行国际合作的动机源自国内政治利益集团的理性讨论；现实主义强调国家参与国际事务是为了争取权利；霸权稳定论认为霸权国的目标不仅是借合作巩固自己在国际上的优势，还要打造全球价值共同体，将其重视的规范和理想注入这套体系。

对于国家参与国际社会、国际组织和积极建设国际制度的原因和目的，也存在几种解释。第一种解释是从现实主义理论出发，格里科和伊肯伯里（2008）指出国家参与国际制度可以简化谈判过程，具有一劳永逸的效率收益，借助国际资源增强管理本国经济的能力，减少强权国独断专行、随意行动。例如，强权国希望将其他国家牢牢纳入可预期、合乎其意愿的政策轨道；而弱国也希望国际制度能对强权国起到抑制作用。第二种是从国家的市场失灵和分配角度解释。从市场失灵角度出发的理论属于新自由主义，认为国家之间的合作可以用利益直接得失来解释，国际制度可通过相互提供信息、降低不确定性和交易成本等实现合作，该理论目前已经在国际贸易合作领域得到了更为深入的研究和拓展。从分配角度出发的理论是新现实主义的核心观点，认为国际合作难以实现的首要原因是分配问题，国家更加关注在国际合作中的相对收益，参与合作主要不是为了获取改进福利的共同效率收益，而是为了"挤出"其他博弈方获得更多的减让，从而使自己上升到更高的权利层级（WTO 秘书处，2008；Kranser，1991）。第三种解释是基于建构主义理论，认为要通过国际合作构建文化进一步促进国际制度的健全，如基于"贸易促进和平"这一理念，国际贸易合作才有了今日的体系和制度（WTO 秘书处，2008）。

国际制度建立后，并非一成不变，会根据出现的新矛盾和成员诉求而调整。屠启宇（1997）指出，国际制度的深度、广度、形式都在不断地扩展，作为"游戏规则"的国际制度供求也处于动态均衡状态，即国际制度的变迁是常态。类似于制度经济学，现有研究把国际制度变迁诱发原因分为来自外部的和内部的（蓝海涛，2001）。基欧汉针对不同类型的国际制度变迁提出了 4 种理论假说，见表 1-2。

国际制度的运行效果也受到国际社会的关注。20 世纪 90 年代以来，对国际制度效果的实证研究开始增多，学者们尝试将安全性、权利、福利、价值观冲突、手段冲突、绝对值商品利益冲突和相对值商品利益冲突等结构类问题转化为可测度的变量，使用计量方法测度各变量之间的关系，进而考察国际制度的效果。从各种国际关系理论可以看出，如果制度设计的出发点不同，那么评价方法和效果就会大不相同，因此，难以对某一国际制度得出令全体成员都信服的效果评价报告。针对这一难题，贝格威尔和思泰格尔（2005）在评价 WTO/GATT 世界贸易体系时采用了一种较为巧妙的方法，即从观察国际制度设立后各成员福利变化的角度来评价，而非从 WTO 本身的制度来考核。由于国际制度是建立在成员利益基础之上，对其考核必然要从其成员的角度出发，因此多位学者就规则对成员的影响进行过研究。

表 1-2　国际制度变迁的 4 种模式

名　　称	理论内容
经济过程解释模式	技术变革和经济相互依赖的加强，使现存的国际制度过时和不断受到挑战。政府需要对国内政治经济新要求做出迅速反应；贸易和国际合作，可以作为政府应对国内发展需求的一个主要工具；为此国家可以挑战一些国际制度。
总体权力结构解释模式	稳定的国际制度需要领导型国家；各国间权力分配格局，决定国际制度的性质；权力资源可在不同领域流动；一旦各国权力分配格局变化，国际制度的规则也将相应变化。
问题领域结构解释模式	总体权力结构解释模式在产业层面的体现。不同领域各国权利强弱排名不同；在各个领域，强国将支配弱国，并制定竞争规则；当该领域国家的强弱顺序变化时，国际制度会变迁。
国际组织解释模式	国际组织一旦确立，难以清除或者进行大的调整，单个国家也难以影响已有国际组织的规则；反过来，国际组织的决定和变化会影响国际制度的变迁。如联合国贸易和发展委员会就对国际制度的变迁产生了重要影响。

资料来源：蓝海涛（2001）。

蓝海涛（2001）指出，目前国内外文献主要侧重国际规则的内容介绍、法律解读及形成过程的历史描述，而深层次的应用分析尚显不足。他将国际制度论和博弈论等分析工具应用于国际农业贸易领域，提出该领域制度变迁的一个理论模型，以分析国际农业贸易规则的创立及变迁规律，并运用 WTO《农业协定》和欧盟共同农业政策（CAP）这两个国际农业贸易规则案例，实证检验所提出的假说。

1.2.1.3　从法学方面的解释

国际制度是众多国家遵守的规则，类似于国内的某项法律制度，因此，法学视角也有助于全面认识国际制度及其变迁，即从"宪政"角度看国际规则和制度。WTO 秘书处（2008）将国际规则的法学逻辑按照利益主体关系及决策层级分为 4 个层面，即内部宪政、外国或跨国宪政、内—外部宪政和全球宪政，认为世界贸易体系发挥了矫正国内支持政策失灵的宪政功能，因为贸易协定不仅帮助解决国内问题，也可解决国与国之间的问题。

1.2.1.4 从经济学方面的解释

目前，国际制度安排已经涉及多个领域，但对其经济运作原理方面的研究却较少见。如 WTO 秘书处（2008）所述，因为"一些国际关系理论与经济理论很相似，对国家缔结贸易协定原因的解释也很相似"，所以多数学者的研究止步不前。

目前，用来解释国际贸易规则的理论有 3 个（Bagwell 和 Staiger，2005）：贸易条件内生化、政治经济学理论和政府承诺理论。贸易条件内生化理论指的是，如果一国单边实施贸易保护（如奖出限入），会改善一国的贸易条件；但是在各国普遍进行贸易保护的情景下，贸易只会达到一个需要各国政府付出高成本的无效率纳什均衡点，对增加各国福利没有任何改善。"这种各自为政的行为使政府偏离了互惠自由贸易所产生的有效率结果，而走向非效率的纳什均衡结果"。贸易协定的目的，就是要纠正这种非效率现象并引导政府回到契约线上某一点。政治经济学理论的区别在于，假设政府在关注政策引发的经济效率的同时，也关注政治分配结果（即分配方面的结果）。政府承诺理论重点讨论的是贸易政策与政府信誉问题，认为国际贸易规则的作用是保持一国政府贸易政策选择的一致性，避免因贸易政策的随意性所造成的市场扭曲。迪克西特（2004）认为，既然机会主义是从事后的行为自由产生的，那么一个显而易见的控制机会主义的方法就是采取一个限制事后行为自由的事前承诺。除了在理论上进行证明外，Bagwell 和 Staiger（2006）通过推导数理模型并采用数据进行了实证，验证了贸易条件内生化理论和政府承诺理论。

贝格威尔和思泰格尔（2005）在其《世界贸易体系经济学》一书中，通过对贸易体系的强制实施机制和争端解决机制的分析，认为世界贸易体系对成员实际义务的约束力在于贸易伙伴之间的相互依存度，而发展中国家与发达国家之间的依存关系是单向的，因此，发展中国家在现存的世界贸易体系中处于不利的、被动的地位。同时指出，现存的世界贸易体系不能解决成员之间的非对称性造成的利益分配不平等现象，而且随着 WTO 成员数量的增加，这种制度安排的缺陷更加明显。

迪克西特（2004）指出，因为 GATT 既考虑到了各国国内政治因素又考虑到国际政治因素，所以解决交易成本的机制就没有单考虑国内政治因素的机制运作效率高，GATT 缔约国在《农业协定》中所做出的承诺本身就是不可靠的。

制度经济学将经济学的供求理论应用到国际制度上。以诺斯和舒尔茨为代表的制度变迁理论认为，制度本身是内生的，与市场经济相互作用，一项新的制度安排只有在创新的预期净收益大于预期的成本时才会发生（王洪涛，2006）。国际制度是一种特殊的制度形式，也可以用制度经济学的理论来分析。其需求主要来自国家或者其他主体，目的是为了促进经济利益或和平等；由于国际社会处于无政府状态，所以其供给同样来自需求主体，只能通过国家集体合作、共同创新，来提供一种目标形态的新制度安排。基欧汉认为，国际制度的需求与供给不能独立界定，因为同样的成员国可能既是需求者又是供给者（蓝海涛，2001）。

1.2.2　对国际农业规则的研究

国际农业规则属于国际规则中的一类，其产生及运作机理基本符合国际规则的一般原理，但也有农业产业所特有的属性。蓝海涛（2001）将国际农业规则分为两类，全球性质的和区域性质的，双边性质的不在考虑之列。全球性质的主要包括 WTO《农业协定》、农产品国际原产地规则及检验检疫规则、国际咖啡协定、国际奶制品协定以及国际牛肉协议等；区域性质的包括欧盟共同农业政策和北美自由贸易协定中有关农产品贸易的部分等。尽管同为国际性组织，WTO、IMF（国际货币基金组织）和 World Bank（世界银行）的运作机制并不相同，也是其他的局部区域协议无法比拟的。WTO 是论坛性质，由成员驱动的，而非由秘书处独自运作的机构（Wolfe，2006）。由于 GATT 乌拉圭回合中达成的《农业协定》是目前为止适用成员最多的国际农业规则，这里主要查找了关于 WTO/GATT 有关国际农业规则研究的文献。

1.2.2.1 关于 WTO 运作效果的相关研究

国际上对 GATT/WTO 的褒贬不一。WTO 总干事拉米一直强调，WTO 是开放和管理世界贸易的最有效、最合法的组织（WTO，2006）。总体来看，这一观点正确无疑。但是否加入 WTO 会显著促进成员的国际贸易呢，即 WTO 是否有效地实现了它成立之初的目标呢？WTO 成员从贸易中获利的多少不仅取决于其贸易活跃程度、贸易伙伴的情况，还取决于贸易的商品种类（Subramanian 和 Wei，2007）。正如艾斯蒂（2002）强调，"贸易自由化带来的是输赢并存的局面"，所以 WTO 必然会面临来自一些成员的支持及另一些成员的否定。尽管 WTO 沿袭了 GATT 的多数规范，艾斯蒂也提到，"当今公众对国际贸易与国际贸易政策制定这两者间关系的看法已经与以往不同，国际贸易不再被视为一个最好由专家来操作的艰涩的政策领域……各国都在积极参与，谈判难度自然加大"。有学者认为第二次世界大战之后布雷顿森林货币体系和 GATT 得以诞生，而不是在 19 世纪末诞生，是因为国家在市场和社会之间的中间角色发生了转型，从而在根本上改变了国内和国际权利结构的社会目标。

以 WTO 的争端解决机制为例，贸易争端由 WTO 争端解决机构（DSB）负责协调解决。作为一个争端解决机构，WTO 争端解决机制有一定效力，承担着事后法官的角色，但也有不完善的地方（刘俊敏，2007；印辉，2007；郭云，2007 等）。WTO 诉讼只能解释现有的 WTO 协定条款，而不能增加或减少 WTO 协定的义务或权利。王蓓雪和田志宏（2006）的研究发现，争端解决机制本身存在的漏洞就是引发争端的影响因素之一，并且加大了案件裁决的难度。此外，专家组和上诉机构的报告只是对一个成员的行为是否符合 WTO 规定做出判断，并没有指出成员应如何修正其法规，如美欧牛肉争端的持久战就面临这一问题。

1.2.2.2 《农业协定》削减条款方面的研究

自从乌拉圭回合《农业协定》提出要削减农业国内支持水平以来，有关国内支持规则的削减会对世界贸易及成员带来什么影响的讨论就从未停止过，在这些领域研究较多的国外学者有 de Gorter、Blandford、Beghin、Anderson 等，国内学者有柯炳生、田维明、程国强、曾寅初、孙东升等。研究结果不尽相同，取决于研究方法和使用的数据等因素。例如，Subramanian 和 Wei（2007）发现，WTO 对农产品贸易的影响是负面的，原因在于很多发展中成员的农业部门并没有开放，因此他们认为 WTO 对农业的约束不够有效。但是由于 Subramanian 和 Wei（2007）的研究只选取了 HS4 位目上的 6 种农产品，得出结论的可信度值得再考核。Grant 和 Boys（2010）在 Subramanian 和 Wei 的模型基础上，扩展了农产品范围，比较了不同农业部门的关税水平，采用引力模型研究了 WTO 成员之间及与非成员之间的贸易情况。结果发现，WTO 对农产品贸易的促进作用是显著的，不论对于发达成员还是发展中成员，总之，加入 WTO 是可以获益的。Hart 和 Beghin（2004）对 4 个 WTO 的国内支持状况进行了讨论，发现美国很巧妙地使用了其微量允许免除削减的规则。Fabiosa 等（2005）进行局部均衡分析发现，贸易壁垒对世界贸易的影响最大，如果去除贸易壁垒，大部分商品的贸易都将扩张，尤其是奶制品、肉制品、植物油等，出口成员的扩张非常显著，而在自由化之前扭曲就较少的净进口成员则要因为国际高价而减少进口。Bouët 等（2005）采用一般均衡模型分析了多边贸易谈判对农产品贸易的影响，结果发现，撒哈拉地区由于多边贸易自由化而损失了一些特惠贸易，真正从中受惠的是发达成员和凯恩斯集团。Hertel 和 Keeney（2005）采用农业一般均衡模型发现，发展中成员从贸易自由化中获利要远超过发达成员。Anderson 等（2005）用的是动态递归 LINKAGE 模型，不过使用了与 Hertel 和 Keeney 相同的数据库，得出的结果却相差较大。

国内很多学者对美国、欧盟、日本、印度等国家（地区）的国内支持状况也进行了研究（温皓杰等，2008；莫沸和张领先，2007；李鹏和孙东升，2007；宗义湘等，2007）。韩国与日本的农业状况及保护政策体系较为接近，韩国通过各种途径对农业实施补贴，补贴额非常高，尽管对新村建设的补贴很高，但是韩国仍存在严重的人去楼空现象（陶文昭，2007）。马述忠（2007）对美国的国内支持与利益集团之间的关系进行分析，从政治经济学角度阐述了美国立场的形成，发现长期的巨额农业补贴让美国政府背负了沉重的财政负担，也承受着区内和国内非农部门的巨大政治压力，因此美国试图改革农业补贴政策，但美国也不得不考虑来自国内农业利益集团的顽强抵抗，以至于在农产品贸易自由化问题上力不从心，无法在农业补贴削减问题上做出大的让步。

当前学者对与农业间接相关的其他国际规则也有一定的研究。例如，刘俊敏（2007）讨论了《卫生措施协定》在实施过程中存在的 4 个漏洞，包括惩罚机制无力、WTO 争端解决机制的基本原则不能服人等，而且对发达成员和发展中成员的影响也不相同，发达成员存在有"异化"协定的倾向。贡锡锋（2004）讨论了乌拉圭回合中《与贸易有关的知识产权协议》对国际农产品贸易及发展中成员的影响，发现种子产业是该协议保护最为显著的产业，强化农业领域的知识产权保护会进一步加大发达成员对外投资与预期的技术优势和收入，而且由于知识产权保护的影响，世界农业行业前 10 名跨国公司在价格行为上存在不同程度的价格歧视。

随着农业谈判的进行，WTO 成员中以农业利益为核心新组成的集团数目也在增多，加拿大学者 Wolfe（2006）探讨了这种现象背后的原因，认为主要有 3 个方面，一是因为在还存在强势成员主导谈判的情况下，成员结合起来有利于增强谈判实力和对所关注问题的推动。二是因为每一次谈判的议题在不断改变，例如，在乌拉圭回合谈判后，小规模农业的成员发现他们的利益与农业发达成员很不相同，为此他们提出减缓这些成员的"粮食安全"自由化进度，此类政策后来发展为"发展箱"，同期发达成员的一些高保护农业部门担心自由化对其的影响，于是提出了要对"敏感产品"特殊待遇。三是成员为了应对既定的贸易规则而联合起来。

1.2.2.3 测度政策支持水平和效果方面的研究

WTO 的综合支持量（AMS）标准及约束条款自身的确存在

一些缺陷，de Gorter 和 Ingco（2003）总结为 3 个方面，一是 AMS 的测算方法存在一系列问题，如国际参考价格固定基期，使得 AMS 只与国内生产和支持价格的变化方向相反，不能反映政府的真实支持水平；政府是否报告其官方价格具有随意性；农业市场价格会经常背离《农业协定》中定义的管制价格支持；两种不同的"微量允许标准"降低了削减承诺的有效性等。典型例证是经济合作与发展组织（OECD）的生产者支持估计量（PSE）测算的支持额通常低于 AMS 水平，因为 AMS 的测算包含了边境贸易政策带来的支持，导致了重复计算。由此通过 AMS 来测算国内支持的方法有些误导性，会误罚一些国家。二是在假设农民是理性的前提下，蓝箱政策对贸易的扭曲程度与黄箱政策几乎一致。三是绿箱政策中的一些直接收入支付政策属于贸易扭曲的支持，如不挂钩的收入支持、农作物收入保险计划等。为此，必须要对 AMS 规则进行大幅调整或改革，具体建议包括放弃 AMS 或对其做出重大修改、放弃蓝箱政策、采用新黄箱政策以及修改其他的国内支持规则。

相比之下，OECD 的指标使用更为广泛，它测算了纳税人和消费者给生产者的转移，被认为是衡量给农民支持量的最好的指标。但是 PSE 指标在衡量政策贸易扭曲程度上也有一些缺陷，主要包括 5 个方面（Wise，2004）。第一，PSE 是个估计值而非测量值；估计的是由于政府管制带来的高价而从消费者转移到生产者的福利，这些支持政策包括关税、配额、市场价格支持以及补贴等，而不仅仅是补贴。第二，所选择的外部参考价格不等于市场价格，因为纯粹的非补贴市场价格难以寻找，以及忽略了价格的季节性等。例如，对 OECD 测算的主要成员牛奶产业在测算 PSE 时如果调整外部参考价格，测算出的值将有较大变化。第三，在农产品国际市场，完全竞争市场并不存在，大小贸易国并存，大国往往对国际价格具有一定的操控力。第四，汇率转换引致一些误差，尤其是在把各国汇率转换成美元的过程中。第五，忽略了各国之间生产力水平的差异。

1.2.2.4　农业国内支持通报方面的研究

尽管有"反通报"的约束，通报的遵守情况经常是遭受严重批评的对象，2001—2006年，主要谈判方阿根廷、加拿大、欧盟、韩国、挪威、瑞士和美国都没有通报其国内支持情况。《农业协定》通报制度主要存在两个问题，一是缺乏对通报实施情况的监督，二是对已通报的措施缺乏审查，某一成员是否已经符合了协定并不清楚（李晓玲，2007）。国内支持中涉及的补贴政策会对贸易产生一些扭曲，这些政策如何归类由各成员自行决定，并反映在通报中。监督审查机制的缺乏使得成员的通报并不能成为令其他成员完全相信的公共通报，难免会因通报而产生贸易争端。

目前，农产品补贴争端案例中，巴西起诉美国陆地棉花案是WTO历史上有关大宗农产品补贴的第一个案例（谢建民和姜丽勇，2004）。2002年巴西在上诉时指出，美国的生产灵活性合同项目、直接支付和反周期支付等措施不符合绿箱条款，最后WTO以判定巴西胜诉结束此案。此案的意义在于：新一轮谈判必须加强绿箱条款的约束性及进一步明确绿箱标准。

1.2.3　对农业保护及政策效果的研究

1.2.3.1　概念界定

在展开相关综述前，对农业保护、农业支持和农业补贴3个概念进行区分很有必要。

根据张莉琴（2001）的总结，农业支持政策侧重于指政府部门用于改善农业的基本生产条件和基础设施的预算支出，主要目的是在长期内提高农业的综合生产能力，其中较大部分如对科技、水利、环保等方面投资，属于绿箱政策。根据速水佑次郎（2001）的描述，农业保护政策通常被认为是通过政府介入农产品或生产资料市场，将农产品的价格提高到市场均衡价格以上，或者降低农户的生产成本，人为提高农业生产者收入的政策。而且由于供给公共农业设施和技术是政府的职能之一，农业保护政策仅限于对私有财物市场的政府介入，包括边境贸易政策保护措施、政府价格支持和支付生产补贴等，而对灌溉设施等的支持则不属于农业保护政策。

对于农业补贴，卢锋（2001）认为有两种解释，一种是广义补贴，即政府对农业部门的所有投资或支持，其中较大部分如对科技、水利、环保等方面投资，由于不会对产出结构和农产品市场发生直接显著的扭曲作用，可归入绿箱政策；另一种是狭义补贴，如对粮食等农产品提供的价格、出口或其他形式补贴，这类补贴又称为保护性补贴，通常会对产出结构和农产品市场造成直接明显的扭曲影响。从直接补贴的产品去向来分，可以分为国内补贴和出口补贴。从对农业人口转移收入的来源看，农业支持和农业补贴来自纳税人，而农业保护主要来自消费者（张莉琴，2001），因此，农业保护政策更加对应于 WTO 的黄箱政策。OECD 对 PSE 定义的改变也反映了区别"补贴"和"支持"之间差别的重要性。1998 年之前 OECD 一直使用的农业保护指标是生产者补贴估计量（Producer Subsidy Equivalent），1998 年之后改用了生产者支持估计量（Producer Support Estimate，PSE）指标，将"补贴"更换为"支持"，新 PSE 包括的范围更广泛。

1.2.3.2 理论研究

补贴对国际价格的扭曲到底有多大，很多学者都采用各种方法进行研究和讨论，但是方法不同、数据不同，结果也就不同。Wise（2004）归纳了前人的研究，认为发达成员补贴削减对发展中成员福利的增加根本没有想象中的那么大，为此他认为，一些政策制定者更应该关注的不是在要求削减补贴方面，而是应该降低出口倾销、减少世界主要农产品的过量生产以及降低大型农业企业的市场力量。

Staiger 和 Sykes（2005）认为，在乌拉圭回合中，农业出口补贴问题涉及不同的利益方，美国和凯恩斯集团要求逐步废除出口补贴、欧盟希望逐步减少扶持，而一些食品净进口国则担心补贴削减后的国际价格会上涨。从广义上讲，农业争端的这种描述表明出口国政府面对的是一个囚徒困境问题。在缺乏限制出口补贴的有效协议的情况下，每个政府都会试图对其出口商进行补贴，以便在第三国市场创造竞争优势，提出了农业争端的 4 个主要特征。同时，建立了农业出口补贴的局部均衡贸易模型，假设两个国家向第三国出口一种同质的商品，两国各自选择特定的出口补贴，根据此模型得出的纳什均衡补贴是在没有协议的情况下，出口国将选择实施补贴；而如果政府间达成了协议，补贴水平会低于不合作时的补贴。使用该模型分别进行了数理分析和规范分析，验证了农业争端的4个特征。

从经济发展视角来看，实施农业支持与保护政策，往往不局限在对农业部门的分析上，而是与工农业发展关系紧密相连。国际上比较有代表性的包括刘易斯的二元经济理论、费景汉—拉尼斯二元经济论、乔根森二元结构模型和哈里斯—托达罗模型等（柯炳生，2008）。工业反哺农业是21世纪前后中国农业学者最为关注的议题之一。冯海发（1996）、卢锋（1998）、蔡昉（2006）等均从国际经验出发分析中国是否应当实施对农业的补贴政策，并探讨了实施农业支持政策的主要经济指标临界值。

1.2.3.3 对中国农业保护水平的研究

国内有大量学者对中国的国内支持水平、结构及调整方案进行了研究（王永浩等，2005；赵文和周应恒，2008；崔卫杰和程国强，2007）。武拉平等（2007）专门就蓝箱政策改革对国内支持的潜在影响进行模拟分析，并将中国及WTO其他主要成员进行了对比。周应恒等（2009）对近期中国主要农业国内支持政策评估，采用一般均衡分析模型，设置了3种模拟方案：取消农业税和农业特产税方案、取消农业税和实施四项补贴政策的综合方案、"微量允许"方案，得出的结论是，取消农业税和实施四项补贴政策对粮食增产和农民增收都起到了明显的作用；对于2004年开始的新一轮粮食增产的原因，价格上涨因素的作用大于新的国内支持措施的作用；中国利用"微量允许"增加粮食生产的政策空间在不断缩小。

在对国家层面的国内支持政策进行研究的同时，对省份或者对某项产品的政策研究也不少。李维林（2010）利用生产者支持估计量测算了山东省1990—2008年的农业保护水平，发现山东省农业补贴总体水平经历了从较低水平的负支持到较高水平的负支持，再到较高水平正支持的过程，近几年支持力度明显加速提高，这一结论与中国农业国内支持水平的变化趋势一致。此外，还发现中国"大口径农业补贴水平在下降，小口径农业补贴在操作中存在问题"。

关于中国国内支持政策应该如何调整，很多学者都提出了建议，如周应恒等（2009）建议中国应该利用"微量允许"的规则加大政策的实施力度，优化国内支持措施的结构；李亮（2008）提议中国应该重构国内支持政策，要把农业多功能性、农业可持续发展等思想融入政策中，基于此，提出了以农民收入增加、农业生产能力提高和农业生态与环境保护为目标，构建由农民收入支持制度、生产资料投入补贴制度、农产品价格支持制度、以粮食安全为目的的粮食储备制度、农业生态和环保支持制度、政府农业公共品或服务支持制度及农业结构调整支持制度七大制度为框架的农业支持体系，并详细区分了这些政策与《农业协定》中的区别。

1.2.4 相关的实证研究

1.2.4.1 关于农业保护国际比较的研究

Honma 和速水佑次郎（1986）最早统一计算了多个国家的农业保护水平，并使用相同定义的变量进行回归分析，找出决定一国农业保护水平的关键变量。在此之后，很多学者开始扩大样本量、增多解释变量，以求更完备的解释。Bastelaer（1998）使用了 31 个国家 1960—1982 的数据，重点考察集体行动对价格保护的影响，他使用测算出的玉米、小麦和水稻平均价格保护水平作为自变量，结果发现，农业产值越大，其受到的保护水平越低。Inhwan（2008）使用了 23 个发达国家 1986—2004 年的数据，得到的结论与 Olper（1998）的相似。Thies 和 Porche（2007）认为，对于发达国家目前为何仍在补贴农业，以往的研究都是使用政治经济的因素来解释，但真正在一国的政策制定者看来，这些政治经济因素根本没有必要进一步讨论和考察，因为它们就是内生的，决定这些政治经济背后的内生性原因，Thies 和 Porche 认为，是一国的本身政治制度，为此其使用了 30 个发达国家 1986—2001 年的数据，关注政治制度对农业保护水平的影响，使用了否决票数、财政能力和财政危机、是否联邦制度以及是否有衰退等变量来代表政治制度。

Olper（1998）认为，欧洲共同农业政策（CAP）决策机制非常复杂，指出"它是由两个层面的玩家共同参与，国家层面和超国家的联盟组织"，因此，CAP 受到其成员国的政治和经济因素的影响，将其简单看为外生并不能真实反映其特点。他使用 1975—1989 年 8 个欧共体（欧盟前身）成员国的面板数据，以 ERP 和 NRP 作为因变量，使用的自变量包括：农业劳动者人均增加值比非农劳动者人均增加值、大于 1000 公顷的农户数、农业总产出中净出口到欧共体之外的比重、农业总产出中净出口到欧共体内部的比重、显示性比较优势指数、国家对农业支出占 GDP 的比重、进出口比和食品消费比重等，结果发现，农业小国容易获得 CAP 支持，食品消费比重越高的国家对农业的保护水平越低，小规模农业比例越大国家对农业的保护水平越高，以及农业缺乏比较优势会获得更多支持等。

马晓春（2010）根据聚类分析方法把主要国家按照农业保护水平和国内农业发展水平分为 4 类：第一类是对农业生产者的行为影响非常小、对农产品贸易扭曲程度极低的国家，包括新西兰和澳大利亚；第二类是对农业生产者的行为影响很大、对农产品贸易扭曲程度很高、且保护水平一直较高的国家，包括日本、韩国和冰岛；第三类是对农业保护水平由较高向中等水平过渡的国家（经济体），包括欧盟、挪威、瑞士和墨西哥等；第四类是对农业保护水平由较高向较低水平过渡的国家，包括美国和加拿大等。并进一步选择美国、欧盟和韩国农业保护水平决定的影响因素、政策绩效等进行分析。

1.2.4.2 关于农户行为方面的研究

作为一个经济实体，影响农户种粮行为变化的因素是多方面的。刘克春（2010）构建了包含补贴政策、农户粮食生产收入预期及种粮面积决策 3 个要素的农户粮食种植决策模型，认为是否扩大种植面积及扩大程度同时受到农户粮食生产收入预期和农户对补贴政策的评价/对生产资料价格涨幅评价两类因素的影响。吴连翠和柳同音（2012）研究粮食补贴政策与农户非农就业时，考虑到家庭成员的异质性，假设一个家庭做出劳动分配决策时追求效用最大化。

农户种植最关键的投入要素就是劳动、资本和土地。在假定土地给定的情况下，农户可以自由决定投入的劳动量和资本量，根据资源的相对稀缺程度来调整投入要素结构。国内外有很多学者从各个角度对农业投入的变化进行诠释和分析。现有研究对于非农务工是提高还是降低农业生产效率并没有得到一致结论，因为劳动力市场是否完善、农业生产技术水平等其他条件也在发挥着作用（Cook，1999；Rozelle 等，1999；Zeng，2000 等）。对农业资本投入变化的研究多集中在灌溉效率、农户施肥选择等（巩前文，2010）。目前，关于补贴对农户影响的研究也比较多，但多集中于农业补贴对农产品产出及劳动力转移的影响，较少有研究考察补贴对微观农业生产决策可能产生的影响（Erik 和 James，2010）。这一现象并不是因为学者不关注或者不知道关注农户投入的变化，而研究农户决策变化面临的关键难题是无法获得长时期的固定农户的调查数据。

研究农户行为最基本和常用的工具就是生产函数，通过假定农户追求最有效率的生产可以求解得到最优的生产状态。在此基础上，国内外一些学者不断放宽对农民的假设，进而可以对农户行为模型进行多方面的拓展，包括 20 世纪 20 年代切亚诺夫（Chayanov）模型，农户消费（Barnum 和 Squire）模型，不确定（风险规避）及预期（供给反应函数）模型等。切亚诺夫假设在没有市场没有交换的情况下，农民自家生产满足自家消费需求，效用函数由对农产品的消费和闲暇的消费决定。Barnum 和 Squire（巴鲁姆—斯奎尔，1979）模型被称为新农业家庭模型，因为它放松了不存在市场的假定，假定存在工资给定的劳动力市场，农民可以雇入或雇出劳动力，农民的效用来自自家生产的农产品、闲暇的时间及家庭自我消费的农产品。之后，Allan（1986）对 Barnum 和 Squire 模型进行了些许改进，放松了耕地面积一定的假定，假定存在原始的土地租佃制度，不同劳动力面对的市场工资也不同，农民是处在半生存经济中（农民售粮和买粮的价格不同，因此当农民需要从市场上购回粮食时，便需支付更高的价格），大量粮食自给不足的农户与农业劳动力外出打工。研究农民模型不仅是为了把握农民决策及其行为的均衡状态，更主要的应用是考察外生变量对农民均衡选择的影响，如考察补贴政策对种粮面积（Erik，2010）、粮食产量（Weber 等，2012）、农业劳动力转移（Ahearn，2006）的影响。国内学者将 Barnum 和 Squire 模型进行些许改造，运用于对中国农民经济行为的研究。

1.2.5　对已有研究的评述

已有研究在以下 3 方面取得了一定成果。

（1）关于国际规则的产生及运作规律的研究。在国际关系理论、法学理论及经济学理论领域都有探索和解释，而能够实证检验的多是经济学理论。当前，对国际规则约束效果进行经济学检验的研究并不是很多，主要原因是数据难以获取及国家间差异较大等。

（2）目前已经形成了针对贸易政策成因及作用理论的较为完整的研究体系，尤其在对关税、配额等政策方面；对农业国内保护成因的研究目前尚多集中在理论分析层面，实证研究略显不足。

（3）在既定的 WTO 国内支持规则下，对成员的国内支持政策的体系、演变、成因以及模拟削减的效果等问题进行研究的思路和方法已较为成熟，研究结论主要取决于政策类型、研究的数据及测算方法等。

同时，存在以下 3 方面深入研究的空间。

（1）从经济学视角考察国内支持规则的形成与演变将有助于更为深入地把握规则在谈判中的地位与进展，现有研究多关注于边境贸易政策及其规则方面，对国内支持规则的探讨不多。

（2）已有研究都是在假定国际规则既定的前提下，研究一国农业政策的调整，而站在国际视角审视和考察国内支持规则的形成原因及演变动力等方面的研究较为少见。

（3）如何将中国的农业政策与 WTO 规则准确对接和归类，需要有基于严格的 WTO 国内支持规则标准的判断为依据，目前国内学者对这方面的关注尚不够充分，值得进一步研究。

1.3 研究目标、内容与技术路线

1.3.1 研究目标

总目标：考察 GATT/WTO 国内支持规则作用的经济学理论基础，及其对成员的国内支持政策的约束效果；识别中国农业政策与多边规则的不一致之处；探索出基于政策微观效果按照 WTO 规则对政策归类的方法；提出多边国内支持规则改进之处，及未来中国农业政策调整的建议。

具体目标：

（1）系统梳理多边农业国内支持规则的产生过程，识别出其得以产生的主要驱动力。

（2）提炼出农业国内支持规则的约束对象（即国内农业政策）的经济学本质与国际规律，以期更好地理解国内支持规则的作用效果。

（3）从约束水平的效率、监督和执行力、争端判定和解决能力、考虑成员异质性等方面，对国内支持规则的约束效果进行较为全面的梳理与评价，提出规则可以改进之处。

（4）探讨多边规则下中国农业政策归类与测度面临的难题，及多边规则对中国形成的实际约束效果；在假定规则不变的情况下提出中国农业政策改革的方向和要点；在假定规则可变的情况下，提出中国参与多边谈判的要价技巧等建议。

1.3.2 研究内容

本书研究内容包括 4 方面：

（1）GATT/WTO 国内支持规则的产生与演变规律。按照时间顺序回顾 GATT 多边谈判中的农业议题进展及乌拉圭回合《农业协定》的达成，重点关注《农业协定》达成的成员博弈过程；对多哈回合谈判中的国内支持议题和成员立场进行梳理，总结规则的发展特点和演变规律。

（2）农业保护的理论依据与国际经验。梳理有关农业保护的理

论，构建长时序面板数据计量模型分析农业保护水平的影响因素，讨论农业保护与经济增长之间的关系。选择典型的农业保护补贴政策，分析政策对经济系统产生的干预与扭曲影响，并实证检验。

（3）GATT/WTO国内支持政策的约束效率评价和改革研究。用经济学理论分析国内支持规则得以诞生的原因；从约束水平、监督、争端判定、考虑成员异质性等方面，评价国内支持规则的约束效率；探讨未来改进方向与要点。

（4）多边规则下中国农业政策归类与依据研究。将国内支持规则应用于中国，进行政策归类和支持水平测算，识别面临的归类难题。使用微观农户数据，考察补贴政策对农户生产行为的影响，为判断中国农业政策属性及归类提供基础支持。

1.3.3 技术路线（图1-2）

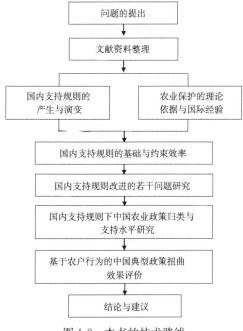

图1-2 本书的技术路线

1.4 主要研究方法

（1）实证研究。对农业保护与经济发展、粮食保护与粮食安全、谷物单产与生产者支持水平、农户行为变化与补贴政策变量之间的关系，先基于农业经济理论提出待验证假说，然后构建模型，使用国际面板或者农户调研数据进行计量回归，以验证提出的假说。

（2）农户调研。设计调研问卷，就农户种粮成本收益、农户相对于补贴政策起始期（2003/2004 年度）的生产投入行为的变化、对补贴政策的认知等问题，赴河北省武邑县、成安县和赵县调研，共获得 274 个有效农户样本数据，为从微观层面评价中国农业政策属性提供数据来源。

（3）数理模型分析。基于经济学理论与假设，构建数理模型推导农业保护与经济增长、农户行为与补贴政策等之间的理论关系和数理关系式，为构建计量模型提供理论基础。

（4）案例分析。使用巴西起诉美国棉花补贴案例和美国农业政策调整路径等案例，对国内支持规则在贸易争端方面的约束效率、农业政策调整方向等展开研究。

（5）国际数据对比分析。使用 FAO、WTO 等国际机构数据库的农业国内支持、农业保护等数据，对比分析主要国家农业保护水平，以总结国际规律。

1.5 本书的创新点

（1）使用国际长时序数据，构建面板模型，实证检验速水佑次郎提出的农业保护与经济发展阶段相关的理论。限于数据获得性，以往相关研究较为少见。在考虑组间异方差的情况下，证实两者存在非线性关系，尝试总结农业保护与经济发展的变化路径与普遍规律。这一研究有助于揭示国际农业保护的规律，也有望为今后关于农业保护是否内生于经济系统方面的研究提供探索性尝试与铺垫。

（2）将多边农业国内支持规则作为研究对象，对国内支持规则产生的经济学基础、约束效率及可改进之处进行较为系统的分析，以摸清其作用机制，并可为中国参与多边谈判提供更客观的判断与方向性建议，使得本书的研究具有一定的应用价值。

（3）对成员的粮食安全与保护水平之间的关系进行了较为深入的探讨，展示和挖掘了现有多边规则在解决粮食安全成员异质性方面的不足这一问题，建议当前多边规则应给予发展中成员粮食安全问题更多宽松条款。此方面研究可以看作国内支持规则改革研究领域的一个方向性尝试，对今后更广范围的研究具有借鉴意义。

（4）基于当前中国部分政策存在"表面黄箱、本质绿箱"，从而难以按照 WTO 规则归类这一问题，抓住从政策微观效果角度来界定政策属性的思路，使用中国农户数据进行了检验与尝试，结果证实了依据政策微观效果在多边规则下对中国农业政策归类的必要性。将这一思路应用于实践，以逐一判断中国各政策属性，在短期内可能会面临研究成本高等问题。但长远来看，将对中国系统地梳理现有政策的目标与效果，有效进行未来政策设计与调整，以及应对 WTO 规则约束等提供宝贵的资料与经验，因此，此方面的尝试可被看作本书的创新点之一。

2 国内支持规则的形成与演变

在多边谈判体系中,当前唯一合法和适用范围最广的国际农业规则就是 GATT 乌拉圭回合中达成的《农业协定》,它首次设置了农业国内支持规则,将成员的国内农业政策按照对市场的扭曲程度分类,并要求约束和削减对农业的支持水平。为更全面和准确地分析国内支持规则的作用机制与效果,有必要对该规则形成的历史背景进行回顾和梳理,并从国际关系理论视角给予重新认识。因此,本章将按照时间顺序回顾 GATT 各回合谈判中的农业议题进展及乌拉圭回合《农业协定》的达成,重点关注《农业协定》达成的成员博弈过程;然后对 WTO 多哈回合谈判中的农业议题和成员立场进行梳理,并总结谈判的进展和变化规律。

2.1 多边谈判机制的形成

国际上具有较大影响力的规则多是在 20 世纪 40 年代之后产生的。在此之前,世界经济曾经长期处于动乱状态,一体化程度较低。工业革命后,英国、美国相继成为世界大国,通过金本位制、鼓励贸易和市场开放等措施,实现了资本和贸易在工业化国家间的流动,但直到 20 世纪初也多是通过殖民掠夺等形式,确保世界的贸易流是为其服务。当时的国际规则,除了金本位制和零星的贸易协定外,缺少各国公平参与、公平享有权利的其他规则。

世界大战的爆发及战后秩序的恢复,提出了世界经济治理的新要求。最终,在美国的主导下,除联合国外,一系列旨在管理世界和平、公平的规则也诞生。代表性的有布雷顿森林货币体系、关贸总协定（GATT）① 和国际商品协定等。

布雷顿森林货币体系代表了战后的国际货币制度。其于 1944 年 7 月在美国新罕布什尔州布雷顿森林召开，参会国家共有 44 个，会议讨论商定建立以美元为中心的国际货币体系，实施将美元与黄金挂钩、将其他国家的货币与美元挂钩以及实行固定汇率制度等，并成立了国际货币基金组织（IMF）和世界银行（WB）。

GATT 是商品贸易制度，是作为国际贸易组织（ITO）的替代品产生的。从 1946 年 10 月至 1948 年 3 月，联合国 18 个国家共召开过 4 次会议起草 ITO 宪章（WTO，2008）。到 1948 年 3 月，已经有 53 个国家签署了 ITO 宪章。宪章包括了 106 个条款及 16 个附录，覆盖了贸易政策，以及有关就业与经济活动、限制性商业措施协定和政府间大宗商品协定。当时美国一些商业团体认为，该宪章包含了过多的与贸易间接相关的话题（如就业与反垄断），另有集团担心外国投资在此宪章下得不到有效保护，所以美国国会反对该宪章，使得成立 ITO 的计划无法落实。为了避免已经取得的关于国际贸易规则方面的成果作废，GATT 以暂时议定书的形式代替了 ITO，包括了序言和 4 大部分，共计 38 条，另附若干附件。第一部分从第 1 条到第 2 条，规定缔约各方在关税及贸易方面相互提供无条件最惠国待遇和关税减让事项；第二部分从第 3 条到第 23 条，规定取消数量限制以及允许采取的例外和紧急措施；第三部分从第 24 条到第 35 条，规定协定的接受、生效、减让的停止或撤销以及退出等程序；第四部分从第 36 条到第 38 条，规定了缔约国中的发展中国家的贸易与发展问题，这一部分是在第六回合中添加的，1966 年起生效。GATT 自成立到被 WTO 取代，共召开过 8 轮多边贸易谈判会议。表 2-1 总结了历轮 GATT 多边谈判的主要内容。前 5 轮回合（1947—1961 年）集中讨论成员国关税削减问题；第六回合谈判开始逐渐扩展到非

---

① GATT 即是《关税及贸易总协定》的简称，又是负责执行该协定的机构的简称。由于这两项简称内容一致，本书中将不做特别区分。同理适用于 WTO。

关税措施和反补贴等议题，第八回合更是将农业、服务、知识产权等议题纳入讨论。专栏 2-1 对比了 GATT 与 WTO 的主要区别。

表 2-1　GATT 多边谈判发展历程回顾

时　间	回　合	谈判主题	参与国家数
1947 年	第一回合	关税，54% 的商品平均降低关税 35%	23
1949 年	第二回合	关税，56% 的商品平均降低关税 35%	33
1951 年	第三回合	关税，占 11.7% 进口额的产品降税 26%	39
1956 年	第四回合	关税，占 16% 进口额的产品降税 15%	26
1960—1961 年	第五回合（狄龙回合）	关税，占 20% 进口额的产品降税 20%	26
1964—1967 年	第六回合（肯尼迪回合）	关税及反倾销措施	62
1973—1979 年	第七回合（东京回合）	关税、非关税措施及各项制度性规约，如补贴与反补贴、输入许可证程序、技术性贸易壁垒、牛肉及国际乳品协定等	102
1986—1994 年	第八回合（乌拉圭回合）	关税、非关税措施、服务业、知识产权、争端解决、纺织品、农业、设立 WTO 等	123

资料来源：WTO 网站，https：//www. wto. org/english/thewto _ e/whatis _ e/tif _ e/fact4 _ ehtm。

专栏 2-1　GATT 与 WTO 的区别

（1）GATT 是临时性的，WTO 是正式的国际组织。GATT 从未得到成员国立法机构的批准，也没有建立组织条款。WTO 及其协定是永久性的，协定本身规定了 WTO 如何运作，具有良好的法律基础，得到成员国内部批准。

（2）GATT 处理货物贸易，WTO 还涉及服务贸易和知识产权。

（3）WTO 争端解决机制与 GATT 相比，速度更快、更主动，做出的裁决不会受到阻挠。

资料来源：WTO 网站。

从制度供给和需求的角度来看，GATT 覆盖谈判议题范围的不断扩展，反映了经济全球化和世界经济发展进入新阶段的需要，也证实了在世界经济稳定的前提下，各国遵从和支持国际规则的供给能力都在不断提高。

GATT 乌拉圭回合谈判于 1993 年 12 月 15 日达成最终协议，决定成立 WTO。次年 4 月，各国部长在摩洛哥马拉喀什签署《乌拉圭回合多边贸易谈判结果最后文件》及《马拉喀什建立世界贸易组织协定》，使 GATT 由原来纯粹的国际经贸协定转化成为正式的国际组织，两者的区别见专栏 2-1。

国际商品协定是另外一套不同于 GATT 的多边国际规则，一般是由某产品的主要进出口国家之间签订的关于稳定国际价格和保证利润的多边协定，虽不具有广泛的国际效用，但对国际贸易也起到过调控作用。最早产生于 20 世纪 20 年代，后因战争爆发而失效，战后再次得到发展，多集中在初级产品。曾经出现过的国际商品协定涉及的产品有：茶叶（1920 年成立，属自愿数量限制）、橡胶（1920—1940 年有效）、铜（1926—1929 年有效）、小麦（1933—1934 年有效）；第二次世界大战之后签订的有糖（1953年）、锡（1956 年）、咖啡（1962 年）、小麦（1949 年）、橄榄油（1958 年）、可可（1973 年）、天然橡胶（1979 年）。到 1989 年尚存的仅有橡胶、糖、锡 3 种国际商品协定。从经济学角度来看，国际商品协定是卡特尔组织，违反 GATT 的自由、多边、无差别贸易原则，虽在一定程度上有助于价格弹性小波动剧烈的初级产品价格的稳定与发展，但由于缺乏有效的监督机构及难以调控集团外国家的生产与贸易，多以失败告终（速水佑次郎等，2003）。

2.2 GATT 早期回合中的世界农业与农业议题

尽管 GATT 成立的目标是促进国际贸易自由化，但长期以来，GATT 所关注的关税削减很少涉及农产品，而且还有一些例外或特殊规定使农产品关税避免削减。根据国际关系中的新现实主义理论可知，GATT 无法有效约束农产品也与美国、欧盟等主要国家和地区的农业发展阶段和国内的利益集团密切相关，以致早期在历轮GATT 多边贸易谈判中，农业未受到严格约束，反而保护水平有所加强[①]。下面按照时间顺序梳理 GATT 中涉及的农产品议题。

2.2.1 早期世界农业发展

产业的发展与世界格局决定了贸易格局，进而影响到多边合作机制中的相关议题谈判进展，农业并不例外。从农业 GDP 占总GDP 的比重（表 2-2）来看，1960—1970 年美欧发达国家的水平都下降较快，到 1970 年都已降到 10％以下，美国达到 3.5％，英国为 2.9％。日本农业在 20 世纪 60—70 年代增长很快，农业 GDP比重由 10.9％降为 4.6％。韩国农业经济在 1960—1990 年一直在快速发展，到 20 世纪 80 年代，农业 GDP 比重在 10.5％左右。凯恩斯集团成员农业发展步调并不完全一致，加拿大与澳大利亚的农业在 60 年代已经低于 10％，新西兰农业在 80 年代接近澳大利亚60 年代的水平；相比于阿根廷和智利，巴西农业发展起步略晚，但发展较为稳定，阿根廷和智利由于 90 年代债务危机等问题，总体经济波动较大；2005 年以来，巴西、阿根廷和智利的农业 GDP比重均已经低于 10％。近 30 年以来，俄罗斯农业发展迅速。中国、印度、印度尼西亚等国家的农业虽然也经历了快速发展，但目前然仍远落后于发达国家，接近发达国家 60 年代水平。

从表 2-3 从事农业劳动力人数的比重指标来看，发展趋势与农业 GDP 比重指标较为接近，美欧发达国家在 20 世纪 70 年代就已经低于 10％；日韩等国在进入 21 世纪以来低于 10％；南美洲的巴

---

① 例如，由于农产品短期供给弹性小、价格容易变动、存储困难等原因，在限制国内生产、处理过剩库存时，GATT 允许其作为非关税进口限制措施条款的例外（GATT 第 11 条第 2 项 C）。由此产生的结果是，不符合这些例外规定条件却在实际采用进口数量限制的情况司空见惯。又如，发达成员之间农产品关税下调方面的进展也极为缓慢，在对待初级产品时，一般禁止的出口补贴变成了"应尽量避免使用"之类的道义上的限制（GATT 第 16 条第 3 项）（速水佑次郎，2003）。

西和智利在 21 世纪后有近 20％的劳动力从事与农业有关的工作；而亚洲主要发展中国家则尚有 40％左右的劳动力从事农业。

表 2-2　1961—2010 年主要国家和地区农业 GDP 占总 GDP 的比重（%）

	1961—1970 年	1971—1975 年	1976—1980 年	1981—1985 年	1986—1990 年	1991—1995 年	1996—2000 年	2001—2005 年	2005—2010 年
美　国	3.5*	4.1	3.3	2.6	2.1	1.8	1.4	1.2	1.1
英　国	2.9*	2.8	2.4	1.9	1.8	1.8	1.3	0.9	0.7
德　国	3.7*	3.2	2.8	2.2	1.8	1.3	1.3	1.1	0.9
法　国	8.1*	7.4	5.5	4.9	4.2	3.3	3.1	2.6	2.1
荷　兰	5.7*	5.0	4.2	4.2	4.3	3.8	3.0	2.4	2.0
乌克兰	—		—		22.8	19.3	14.8	13.8	8.5
挪　威	5.9*	5.2	4.7	3.6	3.6	3.1	2.4	1.7	1.4
韩　国	33.0	27.8	21.9	14.9	10.5	7.1	5.3	4.0	2.9
日　本	10.9	4.6	3.8	2.8	2.3	1.8	1.6	1.4	1.2
加拿大	5.7	5.0	4.4	3.7	3.1	2.9	2.6	2.1	1.8
新西兰	—	11.3	10.5	8.1	7.1	7.7	7.4	7.2	5.5
澳大利亚	—	8.1	6.7	5.8	5.1	3.6	3.6	3.7	2.6
巴　西	16.0	12.8	12.3	10.7	9.6	7.5	5.5	6.4	5.6
智　利	8.4	7.1	8.2	6.6	8.9	9.6	6.0	5.2	3.9
阿根廷	10.3	10.1	7.6	8.1	8.5	5.9	5.4	8.5	9.1
印　度	42.2	40.4	35.5	32.7	29.4	28.3	25.3	20.9	18.1
印度尼西亚	50.9	36.1	27.7	23.2	22.2	17.8	17.2	14.8	14.1
马来西亚	30.7	28.0	25.4	20.5	18.6	13.9	11.1	8.7	9.4
俄罗斯	—	—	—	—	—	8.8	6.6	6.0	4.5
中　国	38.4	33.3	30.4	31.8	26.4	21.2	17.4	13.6	10.9
欧　盟	—	6.0	5.0	4.1	3.5	3.0	2.6	2.1	1.6
高收入国家	—	5.5	4.4	3.5	2.9	2.4	2.0	1.7	1.4

注："—"表示缺失数据。

数据来源：世界银行数据库。说明：美国、英国、德国、法国、荷兰和挪威的 1961—1970 年平均值为 1970 年当年水平，加 * 号以示区别；日本 1961—1970 年数据来自 Historical Statistics of Japan；阿根廷 1961—1970 年平均值为 1965—1970 年平均水平；加拿大 1961—1970 年平均值为 1965—1970 年平均水平；澳大利亚 1971—1975 年平均值为 1972—1975 年平均水平。

· 30 ·

本书还对比了主要国家和地区单位面积拖拉机拥有量、农村人口比重、谷物单产水平等，具体数据见附录1的附表。可以看出，农业在各国的发展存在严重差异，美欧发达国家、日韩、发展中国家农业得到了较快发展。

表 2-3 1961—2010 年主要国家和地区农业劳动力人数
占总劳动力人数比重（%）

	1961—1970 年	1971—1975 年	1976—1980 年	1981—1985 年	1986—1990 年	1991—1995 年	1996—2000 年	2001—2005 年	2005—2010 年
美 国	—	—	3.6	3.4	3.0	2.9	2.7	2.1	1.5
英 国	—	—	2.6	2.6	2.3	2.1	1.7	1.4	1.2
德 国	—	—	—	—	—	3.6	2.8	2.5	2.0
法 国	—	—	8.4	7.6	6.3	5.3	4.4	4.0	3.2
荷 兰	—	—	—	5.3	4.6	3.9	3.3	3.0	2.8
乌克兰	—	—	—	—	19.8	20.9	22.5	20.7	17.4
挪 威	—	—	8.3	7.7	6.6	5.5	4.8	3.8	2.9
韩 国	—	—	34.0	29.6	20.7	14.6	11.5	9.1	7.3
日 本	—	—	10.4	9.3	7.9	6.1	5.3	4.7	4.0
加拿大	—	—	5.4	5.4	4.4	4.1	3.7	2.8	2.6
新西兰	—	—	—	—	10.4	10.4	8.9	8.2	7.0
澳大利亚	—	—	6.5	6.4	5.8	5.2	5.0	4.2	3.4
巴 西	—	—	—	28.9	24.1	27.3	24.1	20.7	18.5
智 利	—	—	16.3	16.7	20.1	17.1	14.6	13.6	12.0
阿根廷	—	—	—	0.2	0.4	0.5	0.8	1.0	1.1
印 度	—	—	—	—	—	60.5	59.9	57.9	53.4
印度尼西亚	—	—	56.4	54.7	55.6	49.9	43.7	44.5	40.9
马来西亚	—	—	37.2	31.7	29.4	22.0	18.5	15.3	14.1
俄罗斯	—	—	—	—	—	15.4	13.7	11.5	9.5
中 国	—	—	68.7	65.9	60.1	56.2	50.1	48.5	40.4
欧 盟	—	—	—	—	—	8.9	8.1	6.8	5.5
高收入国家	—	—	—	—	—	5.8	5.0	4.2	3.5

注："—"表示缺失数据。
数据来源：世界银行数据库。

由于美国、欧洲国家的农业发展水平几乎领先于发展中国家40多年，作者进一步寻找了美国更早期的农业历史数据，以便于与发展中国家当前水平对比。从表2-4可以看出，美国农业GDP比重，在19世纪70年代仍高于20%；之后逐渐下降，到20世纪20年代，随着工业经济的快速发展，其农业GDP比重已经低于12%。从这一角度来说，印度、印度尼西亚和中国等发展中国家在21世纪初的农业发展水平接近于美国20世纪20年代的水平，相当于比美国农业经济发展水平落后近80年。

表2-4　1879—1928年美国农业GDP占总GDP的比重

时间	1919—1928年	1914—1923年	1909—1918年	1904—1913年	1899—1908年	1889—1899年	1879—1889年	1869—1879年
农业GDP比重（%）	12.2	15.2	17.7	17	16.7	17.1	16.1	20.5

数据来源：Historical Statistics of the United States，1789-1945。

从具体农业指标（表2-5）来看，美国总农场数从1910年的641万个，降到2000年为217万个；总农场面积在1910—1960年

表2-5　1910—2000年美国农业发展情况

年份	总农场数（万个）	总农场面积（亿公顷）	平均农场规模（公顷）	农产品出口额（10亿美元）	农产品进口额（亿美元）	农业部门最终产值（亿美元）	作物产值（亿美元）	动物产值（亿美元）	农场净收入（亿美元）
1910	641	9	138	0.87	0.79	77	36	37	42
1920	652	10	147	3.85	3.41	166	84	74	78
1930	655	10	151	1.50	1.90	112	40	63	43
1940	635	11	168	0.74	1.24	106	40	59	45
1950	565	12	206	2.99	3.18	328	132	181	136
1960	396	12	297	4.52	4.01	379	157	199	112
1970	295	11	374	6.96	5.69	551	205	308	144
1980	244	10	426	40.47	17.29	1 480	644	703	161
1990	215	10	460	40.35	22.71	1 888	833	902	446
2000	217	9	434	50.74	38.86	2 185	948	993	478

数据来源：Historical Statistics of the United States，Colonial Times to 1970；美国农业部网站。

增长了近 30％，之后又逐渐下降，到 2000 年恢复到 1910 年水平；平均农场规模有较大提高；进出口贸易都得到较快发展；农场净收入也得到较大提高。

2.2.2 早期农业谈判历程

首次将农产品问题提到 GATT 上的是美国，其在 1954—1955 年的 GATT 审议会上，提出希望现有的 GATT 规则对农产品实行例外，尤其是 GATT 1947 的 25.5 条款以及关于进口关税和进口配额方面的条款，理由是美国 1933 年的农业法中曾规定"美国不可接受任何违背该法的国际法规"（Tancu，2010）。为此，美国希望对奶制品、粮食作物等均实施例外，允许其根据国内的政治压力等保留进口配额等。1958 年，欧洲共同体（简称欧共体）成立共同农业政策（CAP），继续保留了较多的进口配额。针对这些成员的诉求，GATT 要求申请对农产品豁免的国家提供能证明其国内农业政治压力的资料，并做出何时取消豁免要求的承诺。

1960 年 GATT 第五轮多边贸易谈判"狄龙回合"的启动，源自欧洲市场一体化的推动，主要目标是将 6 个欧共体成员的关税统一化。该轮谈判中，美国和欧共体对将农业纳入谈判范围一直持谨慎态度，因为其国内农业政策正处于大力补贴和保护状态，尤其欧共体以要维护共同农业政策为由，不同意在几种新的农产品上做出关税约束。涉及农产品的是达成了《棉纺织品安排》，并且美国和欧共体达成了关于玉米、大豆、小麦、大米和禽肉的协议，以及关于小麦质量认证的协议。

GATT 第六回合（肯尼迪回合，1964—1967 年）曾对农业谈判报以高的期望，把农业贸易问题列为该轮谈判的议题之一，涉及了农产品自由化、非关税措施的引入和对发展中国家的特殊和差别待遇等。美国和欧共体仍是谈判的主导者，美国提出大幅削减农产品进口关税，并要求取消进口数量限制，但受到欧共体反对。由于两者的分歧，未能就抑制农业保护主义取得实质性成果，只是达成了世界谷物协议，以及同意降低个别农产品的关税。这轮回合在农产品贸易方面取得的唯一共识是，各国政府承认了农业贸易已经被严重干预和扭曲，并且发达国家表达出了愿意在谈判中考虑发展中国家的特殊利益并已给予让步。

1973 年启动的东京回合宣称要在农业议题谈判上取得较大突破，但再次因美欧两个主要农产品贸易大国（经济体）的冲突，未完全如期达成，仅在农产品贸易领域取得了局部性收获。达成了关于牛肉和奶制品的两个协议，同意了建立多边农业框架的提议，发展中国家获得了可以以较低市场准入进入发达国家的特惠，热带产品被作为优先部门单独提及，同意进一步开放咖啡、茶和可可市场。此外，也通过了几个有关非关税措施的协议，包括《海关估价协议》《进口许可程序协议》《补贴与反补贴措施协议》《反倾销协议》等。东京回合没有达成有关农产品关税削减的协议。

结合主要国家的农业发展以及关于农业多边谈判的历程，可以发现，农业被纳入多边谈判框架并不是偶然，与各国的农业经济发展状况密切相关，一方面美国等早期发达国家的农业生产力得到较大提升，农产品贸易需求旺盛；另一方面，日本、韩国等在 20 世纪 60—70 年代成为经济强国，其农业也在同期得到较快发展，限于国内生产竞争力不强，对农业的立场也较为模糊。因此，农业发展在各国的巨大差异，体现在谈判中就是早期几轮回合中难以纳入农业议题，农产品贸易自由化谈判的起步远晚于其他行业，在 70 年代之后才衍生出此需求，并经历逐步受重视的过程。在这长达 30 年的谈判中，美国和欧盟作为谈判大国（经济体）和主要农业贸易国（经济体），其利益选择和冲突决定了农产品贸易多边体制的发展进程。

2.3 乌拉圭回合中的农业议题

GATT 的最后一轮回合——乌拉圭回合（URAA）是多边贸易体制第一次真正意义上覆盖了农产品贸易，这轮谈判历时 10 年达成协议。乌拉圭回合确定的农业谈判目标是，建立一个没有政府干预和扭曲的贸易环境；将农产品贸易完全置于行之有效的

GATT 体制的约束与监督之中；有一个灵活处理农业结构调整与收入不稳定等国内问题的合理途径，减少国际农产品市场波动、失衡和不稳定因素。下面，先概述乌拉圭回合《农业协定》（AoA）达成的过程和基本框架，再重点分析其重要组成部分之一：国内支持规则的框架和内容。

2.3.1 农业议题被纳入谈判框架的背景

在东京回合之后、乌拉圭回合谈判开始之前，世界经济形势再次发生了较大变化。受 20 世纪 70 年代世界粮食危机的影响，美国和欧盟都加大了对农业的扶持，农业生产过剩后，两个经济体又对农产品出口进行补贴。20 世纪 80 年代美国经济陷入停滞，政府预算赤字激增，美国国内要求取消贸易保护和促进出口贸易的呼声强烈。美国为此开始使用反补贴和反倾销诉讼，启用贸易救济措施，随后欧盟、加拿大、澳大利亚等也都以"不公平竞争"为由，发起大量的反倾销调查。1982 年，GATT 缔约方召开东京回合后第一次部长级会议，农业成为矛盾的主要根源。美国抱怨由于欧洲的巨额补贴，美国农产品无法进入欧洲市场，也无法进入第三方市场，澳大利亚和新西兰对美国的起诉表示支持（Ostry，1997）。而欧盟辩称，共同农业政策是符合 GATT 规则的，美国自己则过度干预农产品市场。这次部长级会议并未取得成功，但开启了 GATT 在农业、服务业等谈判工作的方向。

表 2-6 展示了主要 OECD 国家及欧盟的农业生产者支持估计量（PSE）占总收入的比重。可以看出，农业生产者支持估计量比重在韩国、挪威、瑞士和日本最高，而且在 1992—1995 年达到最高，之后又有所下降，证明这些国家在乌拉圭回合谈判启动之初，就已经达到了较高的支持水平。美国、欧盟的农业生产者支持估计量比重相对其他发达国家较低，1986—1987 年分别为 24％和 39％。

从表 2-7 农业生产者支持估计量来看，欧盟、日本、美国、韩国的农业生产者支持水平一直最高，并且到 1995 年仍在持续增加中，之后略呈下降趋势。

表2-6　1986—2011年OECD国家及欧盟的农业生产者支持估计量占总收入的比重（%）

	1986—1987年	1988—1989年	1990—1991年	1992—1993年	1994—1995年	1996—1997年	1998—1999年	2000—2001年	2002—2003年	2004—2005年	2006—2007年	2008—2009年	2010—2011年
韩国	64	72	75	73	73	69	60	66	59	59	59	51	48
挪威	70	71	68	72	70	65	70	69	70	69	65	57	61
瑞士	75	77	68	68	71	66	70	73	69	69	66	52	57
日本	65	63	54	54	60	60	56	60	57	57	53	47	51
冰岛	76	77	72	74	64	59	65	71	64	65	66	54	49
欧盟	39	40	31	36	36	34	34	35	32	33	30	23	22
土耳其	17	22	23	35	26	24	31	32	20	31	33	26	27
加拿大	37	35	29	32	21	17	15	18	18	22	21	15	17
以色列						19	20	21	18	11	9	9	12
美国	24	21	19	17	16	12	18	24	20	16	13	9	9
智利									8	5	5	4	4
澳大利亚	13	9	8	9	9	6	5	4	4	4	4	5	3
新西兰	20	6	2	1	1	1	1	1	0	1	1	1	0
墨西哥	4	3	14	28	26	0	16	20	22	15	13	13	13

注：表中数据均为两年平均值。

数据来源：OECD数据库。

表 2-7 1986—2011 年 OECD 国家及欧盟的农业生产者支持估计量（百万美元）

	1986—1987 年	1988—1989 年	1990—1991 年	1992—1993 年	1994—1995 年	1996—1997 年	1998—1999 年	2000—2001 年	2002—2003 年	2004—2005 年	2006—2007 年	2008—2009 年	2010—2011 年
欧盟	95 513	90 406	113 137	107 848	114 660	112 415	110 113	83 324	101 631	129 450	124 124	125 430	102 790
日本	47 746	50 696	44 328	54 961	72 633	51 942	48 799	49 140	45 372	46 247	37 325	44 543	58 157
美国	38 783	35 152	31 238	33 347	24 741	29 710	51 116	51 659	38 247	41 944	31 839	31 877	29 085
韩国	10 140	17 118	19 550	19 527	23 716	21 936	15 221	17 128	16 007	21 090	22979	17 023	19 645
土耳其	3 804	4 468	9 041	9 594	6 834	7 481	10 268	5 550	8 577	14 907	16 828	17 505	18 174
瑞士	4 989	5 344	5 861	5 249	5 904	5 510	5 105	4 254	5 032	5 665	4 664	5 660	5 702
加拿大	6 275	5 268	6 722	4 779	3 909	3 314	3 385	3 949	5 325	5 951	6 444	6 222	7 084
墨西哥	813	1 242	5 916	8 892	2 973	2 913	5 218	6 939	7 915	4 605	5 851	6 166	6 092
挪威	2 700	2 915	3 547	3 258	2 945	2 890	2 706	2 121	2 875	3 005	2 978	3 510	3 767
澳大利亚	1 412	1 477	1 410	1 631	1 502	1 237	850	690	908	1 030	1 568	1 305	1 378
以色列					730	783	701	765	505	455	257	942	978
智利					436	405	535	427	327	296	292	363	325
冰岛	187	191	187	166	130	128	184	140	162	224	232	152	129
新西兰	564	143	88	44	66	55	43	29	39	95	91	60	108

注：表中数据均为两年平均值。

数据来源：OECD 数据库。

2.3.2 《农业协定》达成的历程

在一系列各层次的会议协商准备中，乌拉圭回合谈判于 1986 年启动，农业贸易问题被确定为谈判的中心议题，主要在三大利益集团之间展开，即美国、欧共体和凯恩斯集团①。凯恩斯集团及部分发展中成员呼吁农产品贸易更多自由化，美国坚持取消所有扭曲贸易的农业补贴，并提交了一份短期改革措施协议。欧共体倾向于有限地、渐进地削减农业补贴。大幅削减农业生产补贴和出口补贴对美国最为有利，欧共体则可能处于竞争劣势并导致社会问题，而美欧的出口补贴使得凯恩斯集团出口损失惨重，因此，三方利益对立格局明显。作为农业高保护进口小国，日本也希望能够保持其对特定产业的保护，农产品贸易谈判面临巨大困难。

1989 年美国、欧共体以及一些其他成员等都提交了各自对农业领域的提案。GATT 谈判委员会随后根据各成员的提案，整理出了一份公共提案，并让各成员继续就此提案提意见。1990 年 12 月，在布鲁塞尔开会时，美国和凯恩斯集团开始对欧共体加压，如果不谈农业议题，他们拒绝谈判其他议题。这时，欧共体内部也在酝酿共同农业政策改革，成为最终协定达成的关键转折点。由于美欧及凯恩斯集团的联合推动，谈判进展很快，并于 1994 年达成最终《农业协定》（专栏 2-2）。

这里有必要强调为何在最终谈判中采用了 AMS 指标，而没有直接使用当时已经存在的 OECD 的 PSE 指标。其实在乌拉圭回合谈判初期，美国提议使用 OECD 的 PSE 指标作为国内支持扭曲程度的度量工具，但欧共体反对，并提出了一个基于固定基期历史价格的支持水平测量指标。最终乌拉圭回合采用的是这两份提案的混合版本（Timothy 和 Valdes，2004）。

---

① 凯恩斯集团由农业竞争力强、对农业保护力度较低的国家联合组成，包括澳大利亚、加拿大、阿根廷、巴西、智利、新西兰、哥伦比亚、斐济、匈牙利、印度尼西亚、马来西亚、菲律宾、泰国和乌拉圭，共 14 个国家。

专栏 2-2　乌拉圭回合《农业协定》的达成——四方利益主导下的博弈

在乌拉圭回合的初期，美国向 GATT 提交了关于"农业贸易改革框架"的"零点方案"，提出 10 年内取消农业补贴，并最终于 2000 年取消对农业贸易的补贴保护"。这一方案受到凯恩斯集团等中、小农产品出口国的支持，但欧共体迫于国内政治集团的压力和为保护农业生产发展水平参差不齐的成员国的利益，认为共同农业政策是主权问题，不容谈判，仅同意在某些方面逐步恢复正常贸易秩序。谈判就此搁置。

国际压力也对欧共体内部的农业政策改革提供了促动力，1992 年 5 月批准了 CAP 改革方案，包括对重要谷物的价格。此后，又经过多次艰苦的谈判，美欧双方终于做出让步，于 1992 年 11 月 20 日达成了《布莱尔大厦协定》，其主要内容是：①进口壁垒关税化，并在其 1986—1988 年平均关税等值的基础上降低 36％。②出口补贴的预算支出和有补贴的产品出口量在 1986—1990 年基础上分别削减 36％和 21％。③综合支持量（AMS）在 1986—1988 年的基础上减少 20％，但产量控制计划的直接支付款项不在减少之列。此外，《布莱尔大厦协定》还规定 1995/1996 年度欧共体油料作物种植面积不得超过 512.8 万公顷等。

但是，这不意味着谈判的结束，因为全面关税化受到了日本和韩国的强烈反对，日本主张对大米等"基础性粮食"保留进口数量限制；美欧和凯恩斯集团均不同意，谈判只得再次搁置。在临近谈判最终期限，追加了对日本大米的特例条款，允许日本大米等符合一定要求的农产品，可以推迟 6 年实行关税化，但代价是必须扩大最低准入进口量。日本在谈判达成的前一日凌晨接受了这一提案，谈判终于在 1993 年 12 月 15 日达成。

资料来源：速水佑次郎（2002）。经作者整理得到。

通过美国、欧盟在达成《农业协定》的博弈过程可以看出，《农业协定》是各成员之间关于谈判利益达成的折中方案，尤其是美国和欧盟两大集团之间的利益博弈，日本、韩国和凯恩斯集团也对协定的具体内容产生了较大影响。这一协定的最终达成既满足了开拓国际市场、降低他国出口补贴水平和国内补贴水平的经济利益需求，也为美国和欧盟政府改革国内农业政策提供了机会和外部屏障。国内农业政策改革和扩大贸易的双层需求推动了协定的达成。

2.3.3　乌拉圭回合《农业协定》的主要内容

乌拉圭回合《农业协定》由前言和 13 个章节组成，共有 21 条条款和 5 个附件。主要条款包括产品范围、减让及承诺的并入、市场准入、特殊保障、国内支持承诺、国内支持的一般纪律、出口竞争承诺、出口补贴承诺、防止规避出口补贴承诺、加工产品、出口禁止和限制的纪律、适当的克制、卫生与植物卫生措施、特殊和差别待遇、最不发达成员待遇和粮食净进口发展中成员待遇、农业委员会、对承诺执行情况的审议、磋商和争端解决、改革进程的继续以及术语定义、最后条款。其中，第八和第十部分有单独的协定或决定。协定的主要内容为对农产品政策 3 个领域的规定：市场准入、国内支持和出口补贴，并规定了政策实施的时限，有关的削减比例见表 2-8。协定允许最不发达成员不需承诺削减关税或补贴；削减的基础税率为 1995 年 1 月 1 日前的约束税率；对于未约束的关税，基础税率为 1986 年 9 月乌拉圭回合开始时的实施税率。

《农业协定》附件 1 为产品范围；附件 2～4 为国内支持的具体规定（免除削减承诺的基础、AMS 的计算、支持等量的计算）；附件 5《对第 4 条第 2 款的特别处理》，是对《农业协定》在市场准入、国内支持和出口补贴方面做出的具体规定。协定还规定成立一个农业委员会负责监督、审议协定的执行、各成员履行承诺的进展情况，以及《关于改革计划对最不发达成员和粮食净进口发展中成员可能产生消极影响的措施的决定》的后续工作。

《农业协定》的基本目标与原则是：建立一个公正的以市场导向为目标的农产品贸易体系，并涉及应当通过在国内支持和保护方面的承诺谈判来建立起强有力的、在操作上更为有效的规则来推动农产品贸易体系改革工作，逐步实现农产品贸易自由化。农产品贸易体系改革的长期目标是：从根本上逐步减少现存的农业补贴和保护，最终纠正和防止国际农产品市场中存在的种种限制和扭曲现象。在实施市场准入承诺时，发达成员应考虑到发展中成员的特殊需要和条件，特别是对发展中成员具有特殊利益的农产品的准入条件和机会，如热带农产品等。在承诺中考虑到非贸易关注问题包括粮食的安全和环保需要、给予发展中成员的特殊待遇和差别待遇，并考虑对最不发达成员与粮食净进口成员实行改革计划可能产生的负面效应①。协定从 1995 年 1 月 1 日至 2000 年 12 月 31 日时间内实施，发展中成员为 10 年。各谈判方同意在实施期结束前一年开始进行谈判，继续这一改革进程。

2.3.4 国内支持规则

在三大支柱的规则中，国内支持规则包括的附件最多，从内容来看，规则由 3 部分构成，分别是政策界定、扭曲程度测算和削减要求。削减要求规定了各类在协定生效后，政策和补贴应该面临怎样的约束和削减；3 个附件中的条款是辅助性的，包括了如何判断政策属性，以及如何测算补贴、扭曲程度。

2.3.4.1 关于政策属性判断的规则

《农业协定》将国内支持措施分为 3 类：一是没有或者较小扭曲贸易的政策，称为绿箱政策。二是产生贸易扭曲的政策，称为黄箱政策，《农业协定》要求各方用综合支持量来计算其措施的货币价值。三是蓝箱政策，它以控制生产数量为前提，但必须满足下列要求之一：按固定面积或者产量提供的补贴；享受补贴的产品数量不超过基期（1986—1988 年）平均产值的 85%；按牲畜的固定头数所提供的补贴②。

绿箱政策主要包括 12 项内容：农业或农村公共服务有关支出或放弃的税收，但不得涉及对生产者或加工者的直接支付，主要包括科研、病虫害控制、培训服务、推广和咨询服务、营销和促销服务、农业基础设施服务等；用于粮食安全目的的公共储备；国内食品援助；对生产者的直接支付；不挂钩的收入支持；收入保险和收入安全网计划中的政府投入；自然灾害救济支付直接救济或政府对农作物保险的投入；通过生产者退休计划提供的结构调整援助；通过资源休闲计划提供的结构调整援助；通过投资援助提供的结构调整援助；环境计划下的支付；地区援助计划下的支付。

---

① 资料来自农业农村部农业贸易促进中心研究报告。
② 黄箱政策、绿箱政策和蓝箱政策，可分别简称为黄箱、绿箱和蓝箱。

黄箱政策包括 5 个方面：对特定产品的价格支持；对特定产品的其他直接支付；种子、肥料、灌溉等投入品补贴；有补贴的贷款；按产品种植面积或牲畜数量补贴。

2.3.4.2　关于补贴和扭曲程度测算的规则

《农业协定》以综合支持量（AMS）作为测度扭曲贸易的政策支持水平的主要指标，指"给基本农产品生产者生产某项特定农产品提供的，或者给农产品生产者全体生产非特定农产品提供的年度支持措施的货币价值"，其是 OECD 的生产者支持估计量指标演化出来。具体测算公式如下：

《农业协定》黄箱（TMS_{ps}）政策对贸易的扭曲程度最深，由对特定产品的支持和对非特定产品的支持构成。对特定产品的支持（AMS_{ps}），既包括测算出来的价格支持（MPS_{ps}），又包括政府实际转移支付给该特定产品的财政支出（$nonMPS_{ps}$），也包括间接测算出的财政转移支出。对非特定产品的支持（NPS）指的是会对国内生产或者市场价格产生扭曲的，不针对特定农产品的支持措施。MPS_{ps} 测算公式用式（2-1）表示，即用当年国内政府干预的价格（P_{dt}），减去基期国际参考价格（P_{w0}），再乘以可有效获得价格支持的收购的产品数量（Q_{dt}）。

$$MPS_{ps} = (P_{dt} - P_{w0})Q_{dt} \qquad (2\text{-}1)$$

$$TMS_{ps} = AMS_{ps} + NPS$$
$$= MPS_{ps} + nonMPS_{ps} + NPS \qquad (2\text{-}2)$$

对于蓝箱支持，《农业协定》中并未给出具体的测算方法，适用于 AMS 的计算方法。对于绿箱支持，《农业协定》要求各成员按照符合规则要求的政策的实际支持水平通报。

从国内支持的构成上，可以看出 3 个箱体测算出的支持水平并不适宜直接相加，《农业协定》也没有给出将 3 个箱体支持水平汇总的指标。主要原因是绿箱范围过广，而特定产品的支持又属于比较细节的方面，且支持政策的本质相差较大。

2.3.4.3　关于削减或约束的要求

《农业协定》先列出了对发达成员的要求，并对发展中成员给予了一定的特殊与差别待遇。要求 1986—1988 年为减让基期，以 AMS 为基础进行削减。从 1995 年起，发达成员在 6 年内逐步削减 20％的 AMS，发展中成员在 10 年内削减 13％的 AMS。除非成员在最初的通报中有一定的上限，否则对特定农产品的国内支持总额不超过该农产品相关年度内生产总值的 5％，以及非特定农产品的国内支持不超过农业生产总值的 5％（发展中成员为 10％），见表 2-8。在 1995 年《农业协定》生效时，共有 34 个成员获得了使用超过微量允许水平以上的 AMS 的机会，其他成员则必须要保证其每年的支持水平不超过微量允许水平。发展中成员的一些黄箱政策也列入了免予减让的范围，如农业投资补贴、为鼓励生产者不生产违禁麻醉作物而提供的支持和对低收入或缺乏财力的生产者提供的农业投入品补贴等。

表 2-8　乌拉圭回合有关农业补贴的削减规则

类　别	项　　目	发达成员削减（％） （6 年：1995—2000 年）	发展中成员削减（％） （10 年：1995—2004 年）
关税削减	全部农产品平均削减 每项产品最低削减	36 15	24 10
国内支持	综合支持量削减（基期：1986—1988 年）	20	13
出口补贴	补贴额削减 补贴量削减（基期：1986—1990 年）	36 21	24 14

资料来源：WTO 网站。

2.4　多哈回合的国内支持议题

由于多哈回合农业谈判中，三大支柱（市场准入、国内支持和出口补贴）每一项都有丰富的谈判过程和成员提案，这里先回顾多哈回合谈判历程，重点总结国内支持议题方面的改革提案和主要争议之处。

2.4.1 谈判启动的原因

尽管 GATT《农业协定》达成了有关的一揽子条款，农产品贸易自由化的进程却并非结束，而是刚刚开始，一系列由《农业协定》引出的待解决问题奠定了多哈回合农业谈判百家争论的局面。多哈回合又被称为"发展回合"，原因之一就是此轮谈判的核心议题是农业，宣称将为发展中成员创造更多的贸易和发展机会。从国际制度理论的角度来分析，这就是国际制度变迁，可以从供给和需求两个角度来分析。

从需求的角度来看，乌拉圭回合《农业协定》的不完善性使得更多成员呼吁对此协定进行改革和完善。各成员对《农业协定》的争议主要体现在 3 个方面：一是其不公平性。具体来看，在《农业协定》生效时，共有 34 个 WTO 成员通报了大于零的综合支持量，需要自 1995 年开始削减。在 1995—1999 年，34 个成员的 AMS 的确呈现逐年削减态势，但是其实际支持水平仍非常高。此外，随着发展中成员更多地加入 WTO 及在国际舞台上的话语权增强，开始指出乌拉圭回合《农业协定》所留下的不公平之处。例如，发达成员财力雄厚，农业发达，且在基期的农业保护水平就很高，因此其根据协定获得允许的支持空间就大，而发展中成员则由于基期都是对农业征税，致使 AMS 只是微量允许水平，空间较小。二是乌拉圭回合《农业协定》对绿箱政策的标准未严格规定，政策如何归类多依赖于成员自身的归类，成员会在一定程度上规避 WTO 规则的限制，导致绿箱也可能扭曲贸易。三是《农业协定》测算农业保护水平的指标并不完善。有成员指出，与 AMS 指标相比，OECD 使用的 PSE 和总支持估计量（TSE）能够更好地反映农民从农业国内支持政策获得的利益转移。从总体上看，乌拉圭回合在削减发达成员对农民的支持方面取得的实际效果相对有限。制度存在的不足引发的成员对改革制度的诉求是需求层面的原因。

从供给的角度来看，在新一轮谈判中继续就农业议题展开谈判，本就是乌拉圭回合《农业协定》的内容之一。《农业协定》第

20 条"改革进程的继续"中就提到"实质性逐步削减支持和保护并引致根本性改革，这是一项正在进行的长期目标，各成员同意在实施期结束的前一年开始继续改革进程的谈判"。根据这一条款，2001 年 11 月，WTO 第四届部长级会议通过了《多哈部长宣言》，启动了新一轮谈判，其中农业为谈判的核心议题，谈判的主要宗旨是"实质性改善市场准入，削减并逐步取消所有形式的出口补贴，实质性削减具有贸易扭曲作用的国内支持"。此外"给予发展中成员特殊和差别待遇，体现在削减幅度、执行时限以及未来规则的谈判方面等"，因此这一轮谈判又被称为发展回合。这就是为什么成员对《农业协定》的挑战及开始新一轮谈判的诉求并不会使《农业协定》被撤销。总体来说，各成员还是非常重视农业贸易领域的这一宝贵成果。也可以看出，乌拉圭回合《农业协定》所坦诚指出的自身不足及鼓励下一次继续进行谈判的条款，成为《农业协定》自我审议和自我更新的主要工具，这样具有包容性的国际规则虽有不足之处，但仍有一定生命力。

2.4.2 谈判历程回顾

随着发展中成员农业的快速发展和国际贸易格局的不断变化，这一轮集中在农业的谈判进展缓慢，至今仍未达成。图 2-1 将多哈农业谈判分为 5 个阶段，除了第二和第四阶段有实质性进展外，其他阶段并未有很多收获。其中 2004 年达成的《框架协议》和 2008 年的《农业模式草案》第四稿（以下简称《农业模式草案四》）是本书研究期间 WTO 农业谈判成果的集中体现。

2.4.3 主要成员的立场

在多边谈判的舞台上，各成员意见不同，总体来看可以认为有两类大的矛盾。一是发达成员与发展中成员间的矛盾。发达成员的情况是对农业高度保护并给予高额补贴，发展中成员则保护力度较低，农产品的国际竞争力受到削弱。多哈回合谈判中，发达成员希望通过各种巧妙的方式维持其现行的高保护水平，发展中成员的立

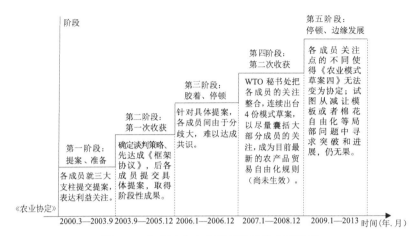

图 2-1　多哈回合农业谈判发展的主要阶段

资料来源：WTO 网站。经作者整理得到。

场是希望发达成员实质性削减高关税壁垒和高额农业补贴，同时为农业发展争取足够的空间。二是农产品出口成员与进口成员间的矛盾，在官方谈判中多被称为"攻方"和"守方"的矛盾①。农产品出口成员希望借助 WTO 多边贸易谈判进一步推动农产品贸易自由化、扩大出口；进口成员则主张农业多边贸易谈判应充分考虑农业的特殊性、重要性和敏感性，要求在市场准入、国内支持等方面给予必要的灵活性。

作为一个正式的国际组织，WTO 成员众多，为保证自己的利益诉求能够得到有效表达和重视，WTO 成员多根据自身农业情况和谈判立场进行组合，以集团的形式在国际舞台发言。农业谈判的主要利益集团有：欧盟、20 成员协调组（G20）、凯恩斯集团、10 成员协调组（G10）、33 成员协调组（G33）及 90 成员协调组（G90）等。由于实力强大、立场特殊，美国在谈判中以独立的谈判方出现。表 2-9 梳理了各谈判方的基本立场。

---

① 见国际贸易和可持续发展中心（ICTSD）有关《农业模式草案》对主要成员影响的系列研究报告。

高于国家之上的、由各成员达成的多边贸易协定及建立的国际机构 GATT/WTO，其产生具有内在的必然性。简要回顾 19 世纪以来世界主要国家的产品生产和贸易状况即可发现，19 世纪上半叶，欧洲内部贸易壁垒较低，主要国家从贸易自由化中获得经济的进一步繁荣；19 世纪下半叶，由于农业的低迷，代表农业生产者和一些工业家的利益团体要求国际实施贸易保护，致使国际贸易状况不乐观，欧洲陷入了战争；两次世界大战期间，受世界动乱影响，多数国家贸易保护严重且政策变化不定，存在强烈的由政治、军事关系决定的歧视性政策；第二次世界大战结束后，主要国家领导人商议重构公平的世界贸易体制，"需要一个可以预见的国际合作体制框架，这个体制框架体现了政府对确定的政策立场的预先承诺"（WTO 秘书处，2007）。

表 2-9 多哈回合主要利益集团及美国对国内支持议题的谈判立场

谈判方	农业基本情况	国内支持谈判立场
美国	● 产品竞争力强； ● 关税低，农业补贴水平高。	● 要求欧盟大幅削减，自身尽量少减； ● 将微量允许水平降到农业产值的 2.5%； ● 要求新蓝箱要保留灵活性； ● 反对实质性修改绿箱标准； ● 其在 1999—2001 年特定产品的 AMS 水平较高，为此提出以此水平作为上限，而非乌拉圭回合《农业协定》规定的水平； ● 保留"和平条款"，以确保其扭曲贸易的国内支持政策不受其他成员的挑战。
欧盟	● 农业总体缺乏竞争优势； ● 保护水平高；CAP 改革已经使其部分价格支持政策变为收入政策，提前进行了转箱； ● 强调对农业多功能性（环保、乡村社区生活方式、动物福利）的保护。	● 国内支持名义空间最大，实质转箱压力不大； ● 同意削减最多；要求美国进行实质性削减； ● 将微量允许水平削减到农业产值的 1%； ● 承诺蓝箱按照农业产值的 2.5% 进行封顶，针对美国将使用新蓝箱，欧盟提出严格蓝箱条款以确保蓝箱扭曲作用小于黄箱； ● 针对美国在 1999—2001 年的 AMS 特定产品支持水平较高，为对美国施加压力，提出以 1995—2000 年作为特定产品 AMS 封顶基期； ● 反对实质性修改绿箱条款。

（续）

谈判方	农业基本情况	国内支持谈判立场
G20（巴西、智利、印度、中国、埃及等国家）	● 由主要发展中成员组成，农业人口占世界的65%以上，农产品贸易量占世界的一半以上，巴西和印度为协调员，中国是主要成员； ● 要兼顾进、出口双方的利益； ● 提倡发展中成员以特殊和差别待遇条款来实现发展关注。	● 要求发达成员实质性削减扭曲贸易的国内支持； ● 给予发展中成员特殊差别待遇，如允许免于微量允许和总体削减；允许将粮食安全等方面的"发展型"支持政策纳入绿箱以满足发展需要，启用无历史基期的新绿箱措施（包括不挂钩收入支持等）时可自主选择适当基期； ● 严格绿箱纪律；综合约束扭曲贸易的支持总量（OTDS）和蓝箱水平等； ● 对于蓝箱，要求发达成员同时进行数量削减和纪律约束，特别是对于新蓝箱，提出要限制单一产品支持过高。
G10（韩国、日本、挪威、瑞士等国家）	● 竞争力较弱，高保护政策； ● 强调农业特殊性、多功能性； ● 要求更多灵活性，反对关税封顶和扩大关税配额。	● 部分成员已进行了政策改革，转箱压力不大，主要对美国加压； ● 以1995—2000年作为特定产品AMS封顶基期； ● 加强新蓝箱纪律以防止美国的转箱行为； ● 反对实质性修改绿箱标准，以确保绿箱不受影响。
凯恩斯集团	● 自然资源丰富； ● 农产品出口具有竞争力； ● 关税及国内支持水平较低。	● 主张彻底进行农业贸易政策改革，推崇贸易自由化； ● 实质性削减扭曲贸易的国内支持。

资料来源：由作者根据相关研究文献整理得到。

2.5 本章小结

（1）从乌拉圭回合之前的多边农业贸易谈判可以看出，农产品贸易自由化谈判的起步远晚于其他行业，而且一经提出就受到反对农产品贸易自由化缔约国的强烈反对。在这长达30年的谈判中，美国和欧盟作为谈判大国（经济体）和主要农业贸易国（经济体），其利益选择和冲突决定了农产品贸易多边体制的进程；日本和韩国的农业在 20 世纪 60—70 年代得到快速发展，伴随着是两国对多边农业议题的关注逐渐加强。

（2）从国际农业规则得以诞生的驱动力来看，国际政治成因与经济成因并存，且经济成因决定的是长期的谈判方向，国际政治成因决定的是短期谈判的顺畅程度。

从经济角度来看，建立降低各成员贸易壁垒的国际规则，促进农产品贸易自由化，可以使参与的多数成员，尤其是具有比较优势的成员受益，因此，《农业协定》的诞生是世界经济发展到一定水平的必然产物。

从政治角度来看，《农业协定》的内容与谈判大国（经济体）的国内政治利益具有密切关系。当欧盟国内政策改革的呼声小于维持原状的呼声时，欧盟就力阻国际协定；而当国内政策改革的力量占据主导时，国际协定就成为帮助欧盟改革的有力工具。因此，《农业协定》的产生是长期驱动力和短期扰动力共同作用的结果。

（3）国际农业规则的改革可以被认为是制度需求和供给均衡后的结果。从需求的角度，乌拉圭回合《农业协定》的不完善性使得更多成员呼吁对此协定进行改革。从供给层面来看，在新一轮谈判中继续就农业议题展开谈判，本来就是乌拉圭回合《农业协定》的内容之一。

（4）相比于 GATT，WTO 在决策过程中更加注重"自下而上"提交提案的阶段，发展中成员参与多边规则制定的积极性也得到较大提高，国际农业谈判的决定力量结构发生了由"寡头市场"向"自由市场"的改变。乌拉圭回合《农业协定》的谈判，主要是由美国、欧盟、凯恩斯集团和日本主导，发展中成员对自身及国际利益的判断及提案要求都不成熟，对谈判没有决定权；WTO 多哈回合农业谈判启动以来，发展中成员的集团日益增多，发言的力量也在增强。

3　农业保护的国际经验研究

农业国内支持规则的作用是约束各成员的国内农业支持政策。那么，为了探究国际规则的约束效果，有必要先分析规则的约束对象——国内农业保护政策的决定因素及产生的影响等，这样的研究是研究凌驾于国家之上的国际规则的基础铺垫，也有助于作为考核国际规则的参照。本章按照实施农业保护的原因及农业保护产生的效果这一思路，使用长时序国际面板数据进行了计量回归。

3.1　农业保护的理论依据

虽然政府干预对市场总福利会产生一定影响，但一国会出于各种理由对某些产业实行保护，尤其是农业。这里梳理了国际上常见的 3 种农业保护理论，一是经济发展决定农业保护；二是农民选民的政治经济学；三是粮食安全的必然需求理论。

3.1.1　经济发展与农业保护

速水佑次郎（2003）对经济发展和农业保护的关系进行了较为客观和全面的论证，他认为发达国家面临的是"农业调整问题"，中等收入国家面临的是"贫困问题"，低收入国家面临的是"粮食问题"，分别通过一国农业产业内部生产力和要素价格的分析、经济三大产业部门的发展比较优势和政府偏好，微观和宏观两个层面揭示了为何在农业发达国家会补贴和保护农业；在发展中国家会处于由被征税到被补贴的转变阶段；以及在经济比较落后的国家，农业被剥削。

3.1.1.1 粮食问题

"粮食问题"理论说明了为何在工业发展初期，一国不对农业实施保护反而用各种政策将农业资源转移到工业部门，最早由速水佑次郎（2003）提出。速水佑次郎提出的基本理论逻辑是，在低收入国家：由于人口增加导致粮食需求快速增长；粮食供给没有相应增加，因为国家工业化的发展战略使得农业科研、基础设施等投资不足，生产率提高缓慢；粮食供不应求导致粮价上涨；初期工业市场上的劳动力可以无限供给，因为价格弹性非常大，由此企业可以快速累积利润用于下一步投资，加快国家的工业化进程；劳动者家庭收入的很大部分用于购买粮食，粮价上涨会引致工资上涨以确保劳动者的购买力不变；为保证工业化的快速发展，该国不希望提高劳动者工资，有 4 种方法可以解决这一问题：通过对农业投资提高农业生产力、从国外进口、获得国际粮食援助、低价从农民收购粮食分配给劳动者；由于前 2 个方法需要占用国家的利润收入或外汇，所以低收入国家不会选择；获得国际粮食援助并非是稳定和可持续的方法，因此大部分国家会采取低价收购再分配的政府干预政策。简言之，由于本国无法满足粮食需求，又没有实力提高农业生产力，政府就采取行政措施强制将农业资源调入工业部门。

3.1.1.2 农业调整问题

"农业调整问题"的实质是在农业与非农产业之间资源的分配调整[①]。基本理论逻辑是，在发达国家，因为人口增速慢，粮食消费需求增长慢，同时非农部门的收入持续增长，国民收入水平提高，对非农产品的需求增速快于对农产品的需求增速；由于农业生产率高，农产品供过于求，使得农产品价格下降、农户收入下降。此时，如果没有政府支持，农业部门的收入会持续下降，与非农部门的收入差距持续拉大。由此可能造成农民不满，影响社会安定。根据这一逻辑，国家要采取各种措施维持农产品价格、保证农民收

---

① 关于"粮食问题"与"农业调整问题"的更加逻辑严密的经济学解释，可参考速水佑次郎等《农业经济论》（新版）（2003）的第二章和第三章。

入。此外，随着农产品国际贸易自由化的发展，以及部分发达国家农业保护的财政负担过重等现象，现在发达国家都在探寻更为有效地保护农业的方法，如从最低价格支持转为不挂钩的收入补贴等。

3.1.1.3　贫困问题

"贫困问题"是一国由"粮食问题"向"农业调整问题"路径上转变时的一种状态，指一国工业发展渐入稳速、农业劳动力不再是可以不变工资无限向工业部门提供、国家积累了一定的财力来支持农业生产率的提高、恩格尔系数逐渐下降、城乡收入差距逐渐拉大等。在此种情况下，政府开始探索如何避免农民相对收入下降过快，在取消对农产品的分销控制、征税等政策之余还开始对农民和农业给予各种补贴和价格支持。中国目前正是处于这一阶段。

经济发展 3 个阶段决定的 3 类农业保护水平基本可以解释当前世界大部分国家的农业保护状况。但近来也有学者开始反思发展中国家走过的向农业征税的路径，认为国家将农业资源强制引入其他部门的做法对于国家的产业结构调整并没有显著影响（Dennis 和 Iscan，2011），所以"向农业征税可以促进经济发展"可能只是不完备的理论。

3.1.2　农民选民的政治经济学分析

如果将"经济发展决定农业保护水平"这一理论作为农业保护的基本理论的话，农民选民的政治经济学分析可以作为"农业调整问题"中的一个因素。即发达国家倾向于保护农民，是为了获得农民给政府的投票。很多研究都表明，发达国家的农业人口虽然比例不大，但其易于形成集团，且具有较为强大的游说力量，也可以有效地申明农民的利益。当选政府为了获得这批选民的投票，就需要回应他们的游说观点，并给予支持。

此外，速水佑次郎在其《日本农业保护政策探》一书中，也用政治经济学的理论分析了经济发展与农业保护的关系，认为，"农业保护的需求和供给取决于政治企业家或领导人实行高保护政策所预期的边际收益与边际成本……用保护政策导致的农业收入增长率来衡量保护率，供给保护政策的边际成本和收益则可以用获得选票增加和反对团体选票的下降来表示"。具体来说，在经济发展初期，保护农业的边际收益较低而成本较高，因此政治家倾向于负保护；随着经济的发展，保护农业的边际收益开始提高而成本降低，政治家获得预期利润最大的选择是对农业实施保护。

3.1.3　保障粮食安全

　　经济发展阶段决定农业政策的理论，虽然具有一定的普遍性，但无法涵盖那些经济发达但农业注定不具有比较优势的国家，如日本、韩国等亚洲国家。这些国家人多地少，农业综合生产率虽然已经得到提高，但其劳动生产率却不断下降，在国际市场不具有比较优势①。例如日本的稻米产业，政府持续的扶持使得稻米的生产成本居高不下，稻米也存在供给过剩等现象。日本人口占世界人口的比重不足 2.5%，如果其放开稻米国内支持和边境贸易的干预政策，进口稻米供给国内，也非不具有可行性。为何日本一直不肯放松对稻米的政策干预？原因之一就是出于粮食安全的考虑。世界粮食贸易占世界粮食总产量的比例很低，不足 10%；但是波动性却较大，例如 2008 年国际粮价高企时，10 多个国家限制或控制了粮食出口，导致部分粮食净进口国遭受饥饿。GATT 的《农业协定》中也对粮食安全给予了一定的考虑（第 16 条），要求发达国家在实施粮食出口管制时需要给予粮食净进口国充分的考虑。尽管有这一规定，在 2008 年时仍然出现了令粮食进口国担忧的情况。这也再次显示了粮食安全议题不同于其他农业问题，各国都给予了格外的

---

　　①　"在这一点上，由比较优势低引起的农业调整问题，与由需求限制产生的农业调整问题是不同的。对于后者而言，农业技术进步越快，供给的增加会引起速度更快的价格下跌，从而使农业收入下降。也就是说，过快的技术进步反而是产生农业调整问题的原因之一。相反，对于前者来说，加快农业技术进步的步伐乃是解决农业问题的一种有效对策。然而，在贸易保护政策很强、国外进口为零的情况下，农业技术进步带来的供给增加将会受到国内需求弹性低的限制，结果反而会使农业问题恶化。日本的大米就是这方面的一个例子。"见速水佑次郎等（2003），《农业经济论》第 70 页。

关注。

如同经济发展与农业保护理论和农民选民的政治经济学理论，粮食安全是否是农业保护（尤其是对粮食作物的保护）的主要原因之一，也有研究提出了质疑。速水佑次郎在其《日本农业保护政策探》一书的最后写道，"一项计量经济学研究证实，政治市场模型与日本农业保护增长的经验相符，同时，这一研究没有发现旨在保护日本国内农业的诸如农业保护主义和对食品安全特别偏爱一类的异常偏见"。

3.2　农业保护水平的决定：国际经验

从理论上分析，一国对农业实施保护可能由经济发展水平内生决定，也可能是该国更重农民的政治选票，或者关注对粮食安全的保障等决定。那么从世界大部分国家的实际情况来看，哪些因素可以得到印证，这成为理论分析之后农业经济学者在不断探索的问题。速水佑次郎、Bastelaer（1998）、Olper（1998）、Thies 和Porche（2007）等都进行了实证方面的探索，并且已经得出了一些较为普遍和公认的结论，例如农业缺乏比较优势（相对于本国工业）的国家对农业的保护水平会更高、恩格尔系数越高的国家对农业的保护水平越低和农产品出口比重越大的国家农业保护水平越低等。

虽然已有的研究已经得出了一些结论，但也存在至少两方面的不足：第一，已有研究多选取的是发达国家，较少有把发展中国家纳入考虑范围，可能的原因是早期发展中国家的数据较难获得，但这一难题在 21 世纪以来已经得到了较好解决。世界银行、OECD和 FAO 等国际组织都在积极构建发展中国家的农业发展与政策数据库，为学者的研究提供了一定保障，将研究的国家范围扩展将使得对国际农业保护经验的解释更充分。第二，由于已有研究多关注的是发达国家，这些国家与发展中国家及粮食净进口国对粮食安全这一问题的关注程度并不相同。发达国家财力雄厚，总人口数及人口增速都低于发展中国家，而且农业生产力也居世界前列，因此粮食进口短缺或粮价大幅波动等问题都没有发展中国家突出。那么以粮食安全为例，这一既与农业生产力有关，又与国家政策有关的问题在各国是如何得到解决的，是否有国际经验或规律等。这两方面的不足是接下来本书拟进一步探究的问题。

3.2.1 研究假说与样本数据

3.2.1.1 农业保护与经济发展

按照速水佑次郎等提出的经济发展阶段与农业保护水平密切相关的理论，结合已有实证研究证实的"一国工农产业结构决定了保护水平"这一结论，Honma 和速水佑次郎在 1986 年的研究中就大胆提出预测"如果农业保护与工业化存在普遍关系的话，那么随着发展中国家逐渐走向工业化的道路，这些农业保护将在发展中国家扩散"。

展开这一结论，可以认为，农业产业在一国发展的初始阶段，比工业有优势，但随着该国工业的快速发展，农业相对工业的比较优势会减弱。假定一国政府是理性且偏好国家的各个产业部门的结构平衡和政治稳定，那么无论在经济发展的哪个阶段，其制定产业政策的偏好是保护相对弱势产业。由于利益集团部门寻租等问题，这一假定可能并非完全符合实际，但从长期来看，假定仍可成立。那么，当一国工业经济快速发展时，意味着其竞争优势也在相对增加，农业的相对弱势在逐渐凸显，一国可能会更加倾向于保护农业。为此，本书提出待检验假说：

假说 1：从一国的经济发展来看，其对农业保护水平的变化与农业在总体经济中的发展相对速度基本一致。即当农业经济总量的增速低于非农业经济总量的增速时，对农业保护水平会相对较高，否则较低。

假定各国的产业结构都是只有农业（A）和非农业（NA）两个部门组成。S_{it} 表示 i 国 t 年的农业保护水平，A_{it} 表示 i 国 t 年的农业发展水平（产值），NA_{it} 表示 i 国 t 年的非农业产业发展水平

（产值），经济总量 $GDP_{it}=A_{it}+NA_{it}$；X_{it} 表示其他影响 i 国 t 年保护水平的变量，如人口数目等；M_i 是不随时间变化的变量，如 i 国的政治体制在短期内可视为不随时间而变；N_t 是 t 年不随国家变化的变量，如全球粮食危机等。农业保护水平影响函数可以表示为：

$$S_{it}=f(A_{it},\ NA_{it},\ X_{it},\ M_i,\ N_t) \tag{3-1}$$

用农业保护水平占经济总量的比重（S_{it}/GDP_{it}）来表示农业保护水平的变化（即农业保护水平相对经济总量的水平，如果农业保护水平的增速低于经济总量的增速，则意味着农业保护水平相对降低）。农业在总体经济中的发展相对速度用 $\dfrac{\partial NA_{it}/\partial t}{\partial A_{it}/\partial t}$ 表示，γ_{it} 表示其他影响农业保护水平增速的变量及误差项产生的效应。根据假说 1，式（3-1）可细化为：

$$S_{it}/GDP_{it}=\alpha+\beta_{it}\left(\frac{\partial NA_{it}/\partial t}{\partial A_{it}/\partial t}\right)+\gamma_{it} \tag{3-2}$$

将 $NA_{it}=GDP_{it}-A_{it}$ 代入式（3-2），并两边同时乘以 GDP_{it}，得到：

$$S_{it}=\alpha GDP_{it}+\beta_{it}\left(\frac{\partial GDP_{it}/\partial t}{\partial A_{it}/\partial t}-1\right)GDP_{it}+\gamma_{it} \tag{3-3}$$

进一步简化为：

$$S_{it}=(\alpha-\beta_{it})GDP_{it}+\beta_{it}\frac{\partial GDP_{it}/\partial t}{\partial A_{it}/\partial t}GDP_{it}+\gamma_{it} \tag{3-4}$$

由式（3-4）可以看出，GDP_{it} 和 S_{it} 存在非线性关系。为此用二次函数来表示这种非线性关系，即

$$S_{it}=\alpha+\beta_{2i}GDP_{it}^2+\beta_{1i}GDP_{it}+dX_{it}+eM_i+fN_t+\delta_{it} \tag{3-5}$$

如果实证研究可以证实 β_i 显著不等于 0，且大于 0，即可证明 S_{it} 与 GDP_{it} 存在非线性关系。

3.2.1.2 农业保护与粮食安全

农业是一国的基础产业，而粮食又是农业中最基础的产业，任

何一国家的居民，都需要以碳水化合物为主的粮食作为其每日主要饮食成分。本书粮食范围界定为小麦、水稻和玉米三大粮食作物[①]。如果一国粮食自给率低，其对农业的保护水平会相对较高，这可能有 3 种体现，一是该国会加大对粮食作物的保护水平；二是即使不针对粮食作物实施更多保护，该国也会加大其农业的总体保护水平，以保障其具有竞争优势农产品的优势得以更好保持，避免其农产品全部依赖国际贸易；三是该国同时加大了对粮食作物和其他农产品的保护水平。据此，本书提出下面的待检验假说。

假说 2： 一国的粮食安全状况是决定其农业保护水平的主要影响因素之一。如果一国更多重视其粮食安全问题，则更可能对总体，或者只针对粮食作物，或者针对其他优势农产品加大补贴和支持水平。

用 FS_{it} 表示 i 国 t 年粮食安全水平，用 S_{it}^{G} 表示对粮食作物的生产者保护水平，用 S_{it}^{NG} 表示对其他农产品的支持水平，令 $S_{it} = S_{it}^{G} + S_{it}^{NG}$。假定 S_{it} 与 FS_{it} 是线性关系，则待验证的函数式表示为：

$$S_{it}^{G} = f(FS_{it}, X_{it}, M_i, N_t) \tag{3-6}$$

$$或\ S_{it}^{NG} = f(FS_{it}, X_{it}, M_i, N_t) \tag{3-7}$$

$$或\ S_{it} = f(FS_{it}, X_{it}, M_i, N_t) \tag{3-8}$$

将经济系统作为整体考虑，可知对粮食的保护水平与粮食安全水平可能存在双向因果关系。由于本书重点是检验保护水平的决定因素，因此未构建联立方程组进行分析。

3.2.1.3　样本数据

为检验以上两个假说，本书利用国际面板数据构建计量模型来验证。除了经济发展和粮食安全因素，还考虑了其他的控制变量。总体来看，共包括了 4 类变量，分别为农业保护水平、农业发展水平、经济发展水平与农业地位及国家类型，其中农业发展水平中将粮食生产与自给相关指标单列出来。具体变量和国家见表 3-1 和表 3-2。

[①]　有些国家以燕麦、大麦和马铃薯为主食，但这种情况不普遍，且数据不易获得，故这里不考虑这些作物。

（1）农业保护水平。使用了世界银行的全球农业扭曲程度数据库中的农业名义援助率（NRA）指标体系。具体指标构成和对比，见本书后面的专门分析。

（2）农业发展水平。主要考虑代表农业资源禀赋及生产水平的可获得变量，包括人均耕地面积、单位面积农业机械拥有量量、农产品出口占农产品贸易比重等。这些变量为绝对量，虽然已经都转换为单位量，可以进行国际比较，但比较的意义并不大。纳入本书主要是作为控制变量，考察除了农业在一国经济结构的相对发展水平与保护水平的关系之外，农业的绝对发展水平与保护水平之间是否具有一定的关系。由于本书的模型同时包括了发展中国家和发达国家，所以对于这些变量的预期影响方向，目前难以确定。此外，对于粮食生产与自给变量，用粮食出口占粮食贸易比重、粮食种植面积占耕地面积的比重等来表示。

表 3-1　农业保护水平决定模型中的变量

变量类型	变量名称	数据形式	数据来源
农业保护水平	NRADOM/NRA	国内支持政策保护水平/农业总体保护水平（10000×%）	世界银行
农业发展水平	AGLandPer	人均耕地面积（千公顷/人）	世界银行
	AGMachine	单位面积农业机械拥有量，反映农业投资和固定资产水平（以每白平方千米可耕地的拖拉机数目测算）	世界银行
	NetEx	农产品出口占农产品贸易比重［农产品出口/（农产品出口＋进口）×100%］（%）	FAO
粮食生产与自给	GrNetEx	粮食出口占粮食贸易比重［粮食总出口/（粮食出口＋进口）×100%］（%）	FAO
	GrLand	粮食种植面积占耕地面积的比重（%）	世界银行
	GrYield	谷物单产水平（千克/公顷）	FAO
	GrSelf	粮食自给率（%）	由作者测算得到

（续）

变量类型	变量名称	数据形式	数据来源
经济发展水平 与农业地位	GDPPER	人均 GDP，反映一国经济发展水平（美元，2000 年不变价格）	世界银行
	AGLabor	农村人口占总人口的比重（%）	世界银行
	AGGDP	农业 GDP 占总 GDP 的比重（%）	世界银行
国家类型	DevpType	发展中国家为 1，发达国家为 0（依据近 5 年农业 GDP 占总 GDP 比重是否低于 10%）	

注：由于世界银行、WTO 等区分发展中国家和发达国家的标准并不统一，且本书使用的是长时序数据，因此采用近 5 年农业 GDP 占总 GDP 比重指标作为区分发达国家与发展中国家的标准。

表 3-2　农业保护模型中包括的国家

高收入国家	较快发展的发展中国家	其他发展中国家和最不发达国家
共 24 个国家（多为 OECD 国家）：澳大利亚、奥地利、比利时、加拿大、丹麦、芬兰、法国、德国、匈牙利、冰岛、爱尔兰、意大利、日本、韩国、荷兰、新西兰、挪威、波兰、葡萄牙、西班牙、瑞典、瑞士、美国、英国	共 10 个国家：中国、印度、印度尼西亚、马来西亚、泰国、肯尼亚、墨西哥、巴西、阿根廷、智利	共 8 个国家：罗马尼亚、越南、秘鲁、土耳其、马耳他、加纳、马里、埃塞俄比亚

（3）经济发展水平与农业地位。使用一国的 GDP、人均 GDP 代表经济发展水平，用农业 GDP 占总 GDP 的比重、农村人口占总人口的比重代表农业在经济产业结构中的重要程度。

（4）国家类型。这里主要以近 5 年农业 GDP 占总 GDP 的比重为标准，将研究的国家分为发展中国家和发达国家。

3.2.2　农业保护与经济发展

假说 1 中假定的是农业保护增长速度和经济发展速度正相关，即农业保护水平与经济发展水平呈二次函数关系。为此，本书使用了人均 GDP 的二次项作为解释变量，考察其系数正负值，以验证假说。由于这一假说需要通过长时序数据来体现，本书使用了时序最长的世界银行的农业名义援助率（NRA）作为因变量来代表农业总体保护水平，NRA 由国内支持政策保护水平（NRADOM[①]）和边境贸易政策保护水平（NRAT）两部分构成。这里分别使用 NRADOM 和 NRA 作为因变量，以比较国内支持政策保护水平与农业总体保护水平的区别。使用 Stata12.0 软件进行回归分析。虽然一些国家的部分变量数据存在缺失，然而用 Stata12.0 软件分析非平衡面板模型并不受数据缺失的影响。

对长时序面板数据进行计量回归，需要首先考虑可能的方差形式。因为模型选取的是 42 个国家 1960—2007 年的数据，各个国家的扰动方差 δ 可能不同。回归之前，本书检验了组间异方差，原假设 H_0：$\delta_i^2 = \delta^2$（$i=1$，2，…，42），即假设各个体的扰动方差相同。检验结果强烈拒绝不存在组间异方差的原假设，因此模型均采用了广义最小二乘法进行分析。

3.2.2.1　农业总体保护水平（以 NRA 作为因变量）

表 3-3 模型 1～3 是以农业总体保护水平作为因变量时得到的结果，模型 4～7 是以国内支持政策保护水平为因变量得到的回归结果，模型 8 ～10 作者尝试了加入人均 GDP 的三次项进行回归分析。

以农业总体保护水平作为因变量时，发现人均 GDP 的二次项对农业保护水平有显著的正向关系，反映的是随着经济发展水平的增长，对农业总体保护水平呈现出逐渐下降再上升的关系。这一结论尚不能证实本书提出的假说成立，有两个原因，一是因为农业总体保护水平由边境贸易政策保护水平和国内支持政策保护水平共同组成，一国可能在经济发展早期通过相对降低农产品关税等措施来获得更多的工业产业的保护，当经济达到一定水平后，其对农业保

---

① 根据世界银行全球农业扭曲数据库数据整理得到。

表 3-3　经济发展与农业保护模型估计结果

变量	农业总体保护水平 (NRA) 全部国家 模型 1	农业总体保护水平 (NRA) 发展中国家 模型 2	农业总体保护水平 (NRA) 发达国家 模型 3	农业国内支持政策保护水平 (NRADOM) 全部国家 模型 4	农业国内支持政策保护水平 (NRADOM) 发展中国家 模型 5	农业国内支持政策保护水平 (NRADOM) 发达国家 模型 6	农业国内支持政策保护水平 (NRADOM) 发达国家 模型 7	农业总体保护水平 (NRA) 全部国家 模型 8	农业总体保护水平 (NRA) 发展中国家 模型 9	农业总体保护水平 (NRA) 发达国家 模型 10
人均 GDP 三次项								-0.65** (-2.16)	-3.27*** (-5.70)	-13.73*** (-3.83)
人均 GDP 二次项	5.75*** (17.47)	2.35*** (2.92)	-4.08 (-1.32)	0.01 (0.12)	1.59*** (7.59)	1.38** (2.03)	1.04** (2.40)	21.00*** (2.96)	70.01*** (5.91)	377.49*** (3.79)
人均 GDP	-72.26*** (-13.82)	-30.16*** (-2.85)	102.23* (1.82)	-0.91 (-0.66)	-18.94*** (-6.85)	-26.01*** (-2.02)	-18.90** (-2.32)	-187.12*** (-3.49)	-490.94*** (-6.07)	-3 421.44*** (-3.71)
人均耕地面积	-11.45*** (-11.50)	-2.50** (-2.44)	-14.11*** (-6.89)	-0.72** (-2.47)	-1.56*** (-4.14)	-0.68 (-1.60)	-0.66*** (-2.82)	-12.06*** (-11.66)	-2.77*** (-2.91)	-12.93*** (-6.22)
单位面积农业机械拥有量	4.87*** (6.07)	-1.33** (-2.32)	7.86*** (4.41)	0.56*** (3.30)	-0.49*** (-2.72)	0.24 (0.67)		4.49*** (5.48)	-2.48*** (-4.18)	9.79*** (5.27)
农产品出口占农产品贸易比重	-24.15*** (-13.19)	-19.53*** (-8.19)	-20.05*** (-7.05)	-0.30 (-0.74)	-3.26*** (-6.46)	-0.49 (-0.80)		-23.54*** (-12.77)	-14.27*** (-6.05)	-20.05*** (-7.03)
农村人口比重	-4.36** (-1.98)	7.12** (2.34)	-16.20*** (-3.52)	-0.35 (-0.61)	4.97*** (7.71)	-2.50*** (-2.64)	-1.62** (-2.47)	-2.41 (-1.03)	2.73 (0.92)	-16.86*** (-3.63)
农业 GDP 比重	17.54*** (9.70)	-5.69*** (-2.89)	23.29*** (7.97)	0.21 (0.50)	1.16*** (2.32)	0.70 (1.27)	0.91* (1.85)	16.47*** (8.83)	-8.36*** (-4.48)	22.18*** (7.52)
常数项	322.89*** (12.83)	175.02*** (5.38)	-427.46* (-1.74)	11.05* (1.80)	53.89*** (6.06)	134.56** (2.23)	94.09** (2.42)	599.41*** (4.56)	1 215.34*** (6.62)	10 365*** (3.67)
自由度	7	7	7	7	7	7	5	8	8	8
χ^2	1637	125.7	829.0	71.94	92.91	22.50	13.40	1 634	161.6	836.3

注: (1) 括号中的数字表示 t 值; (2) ***P<0.01, 表示在 1%的置信区间可信, **P<0.05, 表示在 5%的置信区间可信, *P<0.1 表示在 10%的置信区间可信; (3) 表中模型使用的回归方法均是广义最小二乘法, 并校正了组间异方差。

护的财力和经验也更为丰富，可能采用非关税壁垒[①]、国内支持等各种方法来提高对农业的保护水平。这从模型 2 和模型 3 的比较可以看出一定的原因，一是对发达国家来说，经济发展水平与农业保护水平并未呈现二次函数关系。二是经济发展水平和农业保护水平的关系不止二次函数关系，而具有更加复杂的规律，如模型8~10。

人均耕地面积和农产品出口占农产品贸易的比重两个变量对农业总体保护水平的关系是显著的，且均为负值。说明随着一国人均耕地面积的下降，其对农业总体保护水平会上升，这在一定程度上反映了经济发展伴随着城镇化和耕地面积的下降，使得农业土地资源日益减少，国家对农业总体保护水平可能会相应提高。贸易情况反映的是一国农产品在国际市场的竞争力，农产品出口占农产品贸易的比重越大，说明一国的农产品越具有竞争优势，这样的国家对农业总体保护水平会相对较低；农村人口占总人口的比重这一变量的解释与人均耕地面积变量类似，随着农村人口向城市转移，国家出于提高农民收入的目的会提高对农业的总体保护水平，但该变量并不显著。

单位面积农业机械拥有量反映的是一国的农业资本积累及技术发展水平，与农业保护水平正相关，反映的是一国农业机械越发达，在其他条件不变的情况下，其越倾向于保护农业。

从世界范围来看，农业 GDP 占总 GDP 的比重与农业保护水平呈显著正相关关系，说明随着一国农业 GDP 占总 GDP 比重下降，会降低对农业的保护。

区分发展中国家和发达国家，结果呈现出较大差异。在发展中国家，农业 GDP 占总 GDP 的比重、农村人口占总人口的比重和单位面积农业机械拥有量，对农业保护水平都是负向关系，意味着发展中国家在随着经济发展的同时，会降低对农业的保护水平；或者说在农村人口比重比较高的时期（或发展中国家），对农业的保护力度就低。发达国家的变量影响方向正好相反，意味着随着经济的

---

① NRA 指数也测度了非关税壁垒等措施产生的保护。

不断发展，对农业的保护水平也在不断提高；而且在农村人口比重相对较高的发达国家，其农业保护水平也相对较高。

发展中国家和发达国家的模型结果不同验证了我们的预期，即发展中国家和发达国家，实施农业保护的原因和动力并不相同。美欧等农业大国的农业结构变化较显著时期是在 20 世纪 50—60 年代之前[①]，因此在模型所覆盖的时期，农业发达国家的农业结构变化并不显著，农业总体保护水平的下降也不显著；而发展中国家则多在 20 世纪 70—90 年代开始经济转型和发展，因此更长的时序也许会改变这一系数的方向。

对比发展中国家和发达国家的变量影响系数的大小值可以发现，即使同一变量在两类型国家的影响方向相同，影响力度也不同，如人均耕地面积越小对农业保护力度就越高，但是这一现象在发达国家更为显著。

3.2.2.2 农业国内支持政策保护水平（以 NRADOM 作为因变量）

模型 4~7 使用的是以农业的国内支持政策保护水平作为被解释变量。模型 4 以全部国家为样本，模型 5 以发展中国家为样本，模型 6 和模型 7 以发达国家为样本。因为本书重点是关注国内支持政策，所以这里主要对比使用 NRADOM 和 NRA 测算得到的结果的差异，而非两者的共同影响因素。

总体来看，使用 NRADOM 做被解释变量，与使用 NRA 的差别并不是很大，也受到经济发展水平和农业资源等因素的影响。但也可以得到一些不同于 NRA 的结论。

---

① 美国学者库兹涅茨（1985）等的研究表明，当 20 世纪 30 年代前美国政府采取现代的农业保护政策时，美国经济发展有以下特征：农业 GDP 占总 GDP 的比重已降到 12% 以下，农业就业人数占社会总就业人数的比重已降至 25% 以下，城市人口占总人口的比重已超过 50%，以及人均 GNP（即现在的人均 GNI）按 1967 年的美元价格计算已达到 1 800 美元；速水佑次郎（1988）的研究表明，日本从 20 世纪 50 年代后期至 60 年代初期开始加大了对农业的保护力度，当时经济发展的特征是：农业 GDP 占总 GDP 的比重为 13% 左右，农业就业人数占社会总就业人数的比重在 30% 左右，工农产值比约为 3：1，城市人口占总人口的比重为 63%，人均实际 GDP 按 1980 年美元价格计算为 2 600 美元左右。

对比模型 4 和 1 发现，一国农业国内支持政策保护水平的影响因素主要是人均耕地面积和单位面积农业机械拥有量，与农村人口比重、人均 GDP 和农业 GDP 比重等变量都不相关。对于农村人口比重变量不显著，可能的解释是因为在发展中国家和发达国家为农民利益游说的集团实力不同。从政治经济学的角度来说，政府更会看重国内政策方面对农民的保护以期获得更多的农民选票，因为这一途径农民最容易感受到，这在发达国家尤其如此。由于农村人口比重对发达国家农业保护是负向影响，在发展中国家是正向影响，因此两种力量相抵消，在模型 4 中该变量就不足够显著。对于 GDP指标的结果不显著，可能的解释是，一国实施国内农业政策，更多是受到农业基本发展情况的影响，如人均耕地面积和单位面积农业机械拥有量，与国家宏观经济水平的关系并不大，这与边境贸易政策保护不同。

对比模型 5 和 2 发现，除了农业 GDP 比重这一变量影响方向不同外，其他变量影响方向都相同。对于国内支持政策保护水平，农业 GDP 比重越高，从截面角度，可以证明农业在经济中更为重要，从时序角度，反映该国的经济总体水平尚较落后，此时，发展中国家对农业的国内支持水平会较高，而对总体农业的保护水平则较低。

对比模型 6、7 和 3 发现，发达国家对农业的国内支持政策保护水平，主要取决于农业在经济中的相对地位以及该国的经济实力，而与农业的绝对发展水平（单位面积农业机械拥有量、人均耕地面积和农产品出口比重）的关系较弱。因此，发达国家农业保护水平的决定因素中，人均耕地面积、农产品出口比重和农村人口比重已经不是关键因素，经济发展实力才是关键因素。

对于人均 GDP 二次项，在模型 1～7 中，发现除了模型 3 和 4以外，其他均显著，且为正值。这与假说 1 中的结论一致，假定各国农业国内支持政策保护的经验是先随着经济的发展水平递减，再随着经济的发展水平递增。进一步地，本书还将所有模型中的二次项挪去，结果发现大部分模型的解释力下降，且人均 GDP 对农业保护的作用也不显著。因此认为，假说 1 基本得到验证。

延伸还可以更进一步地讨论，一是关于经济发展到某一高水平时，对农业的保护是否会从一个高峰下降，源自该国的农业再次具有了国际比较优势和政府财力负担过重两方面原因。模拟得到的二次函数开口向上没有证实这一结论。这也与乌拉圭回合《农业协定》对各成员支持水平的约束所希望达到的效果相反。可以解释的是，发达成员改变了其政策支持结构，但总体保护水平仍在不断提高。二是，根据模型结果可以绘制出每个成员的农业保护与经济发展关系图，从而把握每个成员目前处于抛物线的什么位置，也有助于判断未来该成员的农业保护方向。

3.2.2.3 农业保护与经济发展的再讨论

在模型 3 中，发达国家的人均 GDP 二次项对农业保护的影响并不显著。这一现象产生的原因可能是，本书选取的发达国家是不均衡的，对于那些在 1960 年之前农业和总体经济就已经发展到较高水平的美欧国家来说，其农业保护水平与农业 GDP 正相关关系更为密切，而对于后期转型成为发达国家的韩国、新加坡等国家，其农业保护水平则可能在 1960—2010 年出现过先下降后上升等趋势。

现有的长时序国家面板数据提供了一份世界农业保护发展变迁的历史图画，想回答的问题是，发展中国家是否可能从现在的发达国家状况来推断未来自己国家的情况，发达国家又是否是从现在的发展中国家的模式中成长起来的？即本书想通过相对有限的 50 年数据（1960—2010 年）来回顾和前瞻，探寻在经济发展与农业保护方面的国际经验。为此，进一步考察了人均 GDP 三次项与农业保护水平的关系，公式如下：

$$S_{it} = \alpha + \beta_{3i}\,\mathrm{GDP}^3_{it} + \beta_{2i}\,\mathrm{GDP}^2_{it} + \beta_{1i}\,\mathrm{GDP}_{it} +$$
$$dX_{it} + eM_t + fN_t + \delta_{it} \tag{3-9}$$

使用 NRA 作为被解释变量，结果见表 3-3 的模型 8～10。可以看出，不论样本范围大小，人均 GDP 及其构成变量的系数均非常显著，因此可以接受存在三次项效应这一假定。对于三次函数，其图像构成取决于一次项、二次项和三次项的系数的组合关系，具

体的判定式为 $\Delta=4\beta_{2i}^2-12\beta_{3i}\beta_{1i}$，可以根据 Δ 和 β_{3i} 的正负判断模型的图形。经测算，模型 8～10 的 Δ 分别为 304、341 和 6 278，均大于 0；β_{3i} 均小于 0。人均 GDP 与农业保护水平的三次函数关系如图 3-1 所示。

从图 3-1 可以看出一般趋势，发展中国家的农业保护水平的确呈现了先随一国人均 GDP 水平提高而下降，后再上升，然后继续下降的过程。对于发达国家，现有的数据时段显示的结果是农业保护水平曾先随着经济的增长而快速下降，后又快速上升的过程，之后又下降。从全部国家来看，由于在人均 GDP 达到 403 美元（对数值为 6）之前，保护水平是不断下降，之后保护水平开始提高。

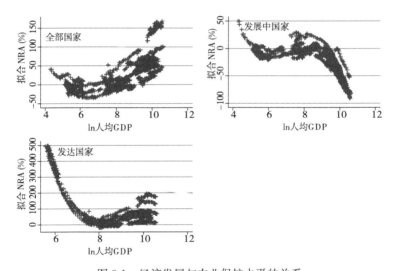

图 3-1　经济发展与农业保护水平的关系

需要指出的是，尽管本研究的模型数据支持经济发展与农业保护水平增长的三次函数关系，但根据面板数据测算出拐点水平，并应用于各国的有效性还值得考虑，因为样本之间存在差异。但这样的路径模拟研究仍是有必要的，它至少可以得出这样的结论，经济发展与农业保护水平的关系并非是简单的线性关系，其间存在着二次甚至三次函数关系。在假定一国的经济水平是不断发展的情况下可以得出结论：农业保护水平可能会提高或者降低，这在多数国家都会出现。

为进一步检验，作者从样本数据中选出 5 组国家，分别是：第 1 组，早期发达国家组，包括美国、英国、法国、德国；第 2 组，赶超型农业缺乏比较优势的国家，包括日本和韩国；第 3 组，凯恩斯集团中的主要发达国家，包括澳大利亚、新西兰和加拿大；第 4 组，较快发展的发展中国家，包括中国、阿根廷、巴西和印度；第 5 组，普通发展中国家，包括罗马尼亚、土耳其、越南和马里。将各国的农业保护水平与人均 GDP 绘制散点图，见图 3-2。可以看出，农业保护水平与人均 GDP 呈线性关系的国家较少。第 1 组呈现了先增后减又增又减的过程。第 2 组呈现出先增后减的过程；第 3 组的总体保护水平都很低，呈现出先增后减的趋势；第 4 组与第 5 组总体呈现从负支持到正支持，并仍在增加的特征。

对图 3-2 分析发现，对农业保护水平与经济发展的多次函数关系的检验具有必要性和合理性，但当前不同类型国家之间的异质性仍较明显，现有数据尚不足以充分支撑判断发展中国家是否会跟随发达国家的结论，但仍发现了随着经济水平的增长，农业保护水平会呈现阶段性波动的特征。

3.2.3 农业保护与粮食安全

待验证的假说 2 认为，一国的粮食安全状况是决定其农业保护水平的主要影响因素之一。这里使用粮食自给率（$GrSelf_{it}$）代表一国的粮食安全水平；用粮食种植面积占耕地面积的比重（$GrLand_{it}$）代表一国对粮食生产的重视水平，依据是政府可以通过政策引导农民种植结构的调整，如果政府更加重视粮食安全问题，会通过各种政策引导农民更多地种植粮食。用谷物单产代表粮食的实际生产能力。检验模型为：

$$GrNRA_{it} = \alpha_1 GrSelf_{it} + \alpha_2 GrLand_{it} + \alpha_3 AGGDP_{it} + \alpha_4 GrYield_{it} + \beta X_{it} + \delta_{it} \tag{3-10}$$

式中，X_{it} 表示其他可能影响因变量的控制变量。残差 δ_{it} 是否

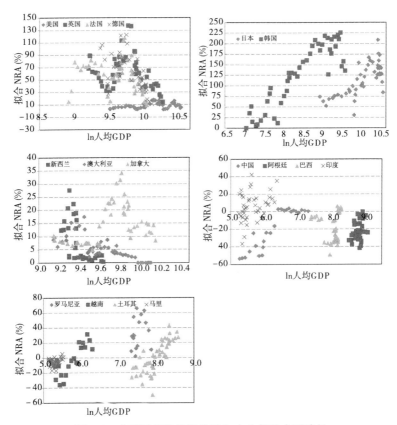

图 3-2 典型国家的经济发展与农业保护水平路径
数据来源：世界银行数据库。由作者整理得到。

在个体间不同和存在自相关需要检验模型来确定。对模型进行组间异方差和组内自相关检验，发现拒绝原假设所犯错误的概率非常低，故采用考虑组间异方差的 FGLS 进行回归分析。对组内自相关的检验也发现存在一定的组内自相关，但修正组内自相关后得到的模型结果并不是很有效，而且在时间长度和个体数差距不是很大的情况下，为了保证模型效果可以暂时忽略自相关。以粮食总体保护水平（GrNRA）和粮食国内支持政策保护水平（GrNRADOM）作为因变量，得到的估计结果见表 3-4。

结果表明，除了模型 4，如果仅考虑修正组间异方差，得到的粮食自给率对粮食保护水平的影响都是非常显著的。说明从国际经验来看，粮食自给率与粮食保护水平正相关，本模型中使用粮食总体保护水平作为因变量，但在实际中，其也有可能作为自变量影响自给率。由于本部分重点是检验粮食保护水平的决定因素，所以暂不考虑保护水平的内生性问题。

对其他变量的解释这里不多做说明。可以看出，农村人口占总人口的比重与粮食保护水平负相关，这一点也符合国际经验，越发达国家的农村人口比重越低，保护水平越高；人均 GDP 对粮食保护水平有显著的正向促进作用；在使用粮食总体保护水平作为因变量时，农业 GDP 占总 GDP 的比重与粮食保护水平正相关，但使用粮食国内支持政策保护水平时，则不显著，这说明农业在国民经济中越重要的国家，其对粮食的保护更多的是依靠边境贸易政策，而对国内支持政策的影响不显著；谷物单产水平对粮食保护水平有负向关系，对此认为，在假定其他条件都不变的情况下，谷物单产水平的提高意味着竞争力的提高，政府可能会依此降低对粮食的保护水平；粮食种植面积占耕地面积的比重越大，说明粮食生产在该国该段时期更为重要，此种情况下，政府对粮食的保护水平也较高，且可以发现，对粮食总体保护水平的促进作用要远大于对粮食国内支持政策的促进作用。

表3-4　农业保护与粮食安全模型估计结果

变　量	粮食总体保护水平(GrNRA)					粮食国内支持政策保护水平(GrNRADOM)		
	仅修正异方差			修正异方差和自相关		仅修正异方差		修正异方差和自相关
	模型 1	模型 2	模型 3	模型 4	模型 5	模型 6	模型 7	模型 8
粮食自给率	0.11 ***	0.16 ***	0.15 ***	0.01	0.02	0.02 ***	0.01 ***	0.00
	(5.60)	(8.18)	(7.81)	(0.91)	(1.56)	(3.52)	(3.03)	(0.51)
农村人口比重	−0.27 ***	−0.46 ***	−0.46 ***	0.15		−0.08 ***	−0.05 ***	−0.08*
	(−2.64)	(−4.54)	(−4.73)	(0.89)		(−3.85)	(−3.60)	(−1.91)

（续）

变　量	粮食总体保护水平（GrNRA）					粮食国内支持政策保护水平（GrNRADOM）		
	仅修正异方差			修正异方差和自相关		仅修正异方差		修正异方差和自相关
	模型1	模型2	模型3	模型4	模型5	模型6	模型7	模型8
谷物单产	−0.13* (−1.73)	0.01 (0.18)		−0.09 (−1.12)		−0.07*** (−3.84)	−0.06*** (−4.08)	−0.03 (−1.54)
农业 GDP比重	0.19** (2.40)	−0.08 (−1.28)	−0.11** (−2.03)	0.16** (2.39)	0.20*** (3.00)	0.01 (0.41)		−0.01 (−0.35)
人均GDP	0.27*** (6.59)			0.32*** (5.39)	0.27*** (6.57)	0.02** (2.44)	0.02*** (3.35)	0.01 (0.97)
粮食种植面积比重	0.36*** (9.63)	0.36*** (9.56)	0.36*** (10.35)	0.16*** (3.86)	0.20*** (6.03)	0.04*** (4.88)	0.03*** (4.40)	0.02** (2.11)
常数项	−2.50*** (−3.69)	−0.31 (−0.51)	−0.09 (−0.32)	−3.12*** (−2.90)	−3.01*** (−5.73)	0.28** (2.02)	0.20** (2.12)	0.32 (1.31)
χ^2	296.1	249.4	260.9	81.81	77.57	66.52	62.88	21.66

注：（1）括号中的数字表示 t 值；（2）*** $P<0.01$，表示在1%的置信区间可信，** $P<0.05$，表示在5%的置信区间可信，* $P<0.1$ 表示在10%的置信区间可信。

3.3　农业保护支持政策的作用途径

　　纵然政府出台农业保护政策有各种合理的理由，应用到实际，农业政策能否达到预期的效果，仍是政策制定者更需要关注的问题。在梳理有关农业政策的影响和效果方面的文献时，作者发现目前尚没有一本教科书或者研究论文能够全面、系统地分析所有类型的农业政策的理论，因为这原本就可以看作一门内容可无穷扩展的学科，即使是同一项政策，其影响效果也要取决于转移支付的金额、供给和需求的弹性、政府的边际输入，以及贸易依存度等（Alston 和 James，2002）。为此，下面首先梳理分析农业国内支持政策影响效果的理论体系，再分别选择有代表性的3类WTO国内支持规则中具有代表性的政策进行图形解析分析。

3.3.1 理论分析体系

就政策本质来说，它是政府所设置的，用来弥补各种程度的市场失灵或者外部经济等问题，而且一旦出台，会对经济系统的各个部门产生影响，但影响程度和方向不同，取决于政策目标和政策实施的环境等。具体到农业国内支持政策，其政策受体多为农业或农业生产者，对生产、价格、收入等方面会产生较为直接的影响。在进行具体政策分析之前，在已有文献基础上，将农业国内支持政策可能产生的影响整理为图 3-3。在这一体系下，由于贸易小国的国内政策不会影响到国际价格，本书主要分析贸易大国的各类政策的影响。本书重点考察的是农业政策在价格、收入和福利方面产生的影响，而关于农业政策对农村发展的影响见 Daniel 和 Maureen（2009）等，关于农业政策对产业结构调整的影响见 Dennis 和 Iscan（2011）等。

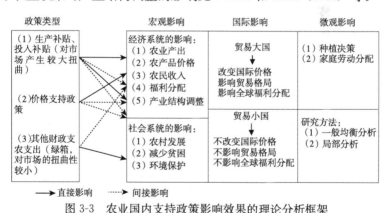

图 3-3　农业国内支持政策影响效果的理论分析框架

资料来源：由作者整理得到。

3.3.2 扭曲贸易的补贴政策

假定本国为世界某农产品的主要出口大国（出口量的变化会对国际价格产生一定影响），国内市场完全竞争，国际价格由世界需求及世界供给共同决定，本国出口商面对的需求曲线是一条向右下方倾斜的直线（图 3-4）。在本国未实施农业补贴时，国际均衡价格是 P_{wl}，国内外价格相同，本国消费者购买 D_1，生产者出口 D_1S_1。

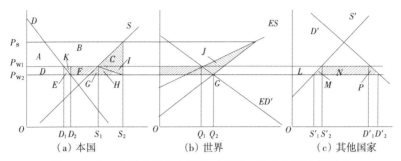

图 3-4　出口大国实施生产补贴对供给、需求和贸易的影响
资料来源：Koo 和 Kennedy（2006）。

　　假定政府对农业实施价格补贴后，农业生产者成本下降，产出增加，扩大到 S_2。由于本国供给过剩，国际市场的供给增多，相当于世界供给曲线右移，国际均衡价格降为 P_{w2}。假定本国不存在其他农业保护或者关税等贸易保护措施[①]，国内消费者价格也相应下降到 P_{w2}，此时国内消费量增加到 D_2，出口量增加到 D_2S_2。

　　福利变化见表 3-5，在出口大国实施补贴政策后，本国消费者和生产者均福利增加，本国政府支付较大补贴额度，对进口国的生产者也产生了一定影响，因为国际价格下降使得进口国的供给减少，进口国生产者福利下降。

表 3-5　出口大国实施补贴政策后的福利变化

经济主体	福利变化	经济主体	福利变化
消费者	$D+E$	进口国消费者	$L+M+N+P$
生产者	$A+B$	进口国生产者	$-L$
政府福利	$-(A+B+C+D+E+F+G+H+I+K)$		

　　① 几乎没有一国的农产品关税税率平均水平为 0。更有研究表明（Alstonhe 和 Hurd，1990 等），对于一国政府来说，关税配合国内补贴政策一起使用才会使政策效果接近最优。

（续）

经济主体	福利变化	经济主体	福利变化
国内总福利变化	$-(C+F+G+H+I+K)$	世界其他国家总福利变化	$M+N+P$

如果一个进口大国对国内生产实施补贴，则国内生产者获得的收益增加，产出扩大（假定刺激扩大的生产远不够补足国内的供需缺口，在短期内仍为进口国[①]），进口量会有一定减少。由于供给增加较为有限，国际市场需求变化不大，均衡价格也不变。则进口国福利变化主要来自政府补贴国内生产者的支出。

3.3.3 价格支持政策的影响

对于一个出口大国，为保护其农民收入，会制定高于存在贸易的均衡价格 P_{w1}，假定设为 P_s（图 3-4），此时，其对国际市场产生的影响与生产补贴产生的影响相似，不同的是，这里除了政府要支付相同的支持金额之外，国内消费者还要损失一些福利，因为，此时消费者需要支付 P_s 来购买农产品，当然政府也需要配套的边境贸易政策来保证价格支持政策的实施[②]。其他的福利变化与实施生产补贴的效果相似。

3.3.4 不扭曲贸易的补贴政策

不扭曲贸易的补贴政策主要指按照 WTO 绿箱规定的，政府财政支出的，用于发展农业科研、科技推广、检验检疫、市场营销、基础设施、环境保护、扶贫、农业结构调整和不挂钩的直接收入支持等。这些政策被定义为对贸易的扭曲程度比较小，究其原因，主

---

① 速水佑次郎等（2003）在分析日本的农业保护政策时就根据实际情况做了类似假定。如果一国大量进口某产品，则其国内生产多是缺乏比较优势，此种情况下，政府补贴生产难以在短期内扭转贸易格局。

② Alston（1993）强调，一个成功的国内政策往往需要边境贸易政策配合，需要一个可以区分国内市场和出口市场的政策保障。

要是这些政策不是直接针对农业生产者的，政策多需要一年以上甚至几年的时间才能看到效果，因此，对市场的影响并不直接。但是这并不意味着绿箱支持就完全对农产品产出和市场没有影响。

以农业科研支出为例，众多研究都表明[①]，在中长期，农业科研支出对促进农产品产出提高和生产力提高的效果是非常显著的，Alston（2010）整理了已有文献中涉及的农业科研的回报率，发现在 10 年之内，几乎可以收回 90.7%；进一步地，他测算了美国 48 个州的农业科研投入的成本收益率，发现平均在本州内成本收益率为 21%，从全国范围来看为 32%。

从图 3-5 来看，农业科研支出（或其他的促进农业发展的支出）可以在长期内使得生产增加，供给曲线向右移动。价格从 P_0 降到 P_1，消费者福利增加 $A+B+F$，生产者福利增加为 $C+G=(E+C+G)-A$，由于假定价格供给弹性不变，所以 $A=E$。如果是通过生产补贴，将价格降为 P_1，则会有无谓损失 H，但农业科研支出不会有此类的无谓损失问题。消费者福利变化和生产者福利变化的比例关系则取决于生产弹性、需求弹性以及技术本身特质等。

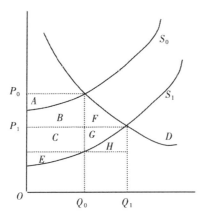

图 3-5　农业绿箱支持的经济影响

资料来源：Alston（2010）。

①　Alston（2010）汇总了 292 份有关的研究结果。

3.4　农业国内支持政策效果的实证研究

通过上述理论分析可知，如果一个贸易大国实施扭曲贸易的补贴政策，或者实施价格支持政策，都会在短期内对国内及国际价格产生影响。从长期来看，这些政策以及绿箱支持政策在促进农业生产力、农业产业结构变化等方面也有重要影响。本节主要关注长期产生的影响，由于特定产品在一国的生产水平的影响因素较为复杂，暂不做考虑。

3.4.1　变量选取

一国的农业产出水平受其资源禀赋及国家扶持等多因素影响。这里构建一国农业生产影响因素模型，$Q = f$（Endowment，Support，i），Endowment 表示一国的农业资源禀赋及经济发展水平，Support 表示该国对农业的扶持力度，i 表示一国特有的无法通过资源禀赋和经济发展水平反映的变量。一国的资源禀赋通常包括土地、水、人力、资本等各项资源。由于考察农业总体的生产力需要较大的基础数据整理和测算工作，这里用谷物单产水平（GrYield）代表粮食生产技术水平，因为如果一国的谷物单产水平较高，则可能来自其品种技术的改良、管理环节的投入等，间接反映了生产的技术水平；农业用地（或可耕地面积）占国土面积的比重（AGLand）反映一国的农业土地资源禀赋状况，人均农业产值（AGGDPPer）反映一国农业领域的资本水平，其他变量及意义见表 3-1 及相关说明。本书将分别使用 PSE、GSSE、GreenBox 等指标来反映一国对农业的扶持力度（Support）。

国内支持规则虽然不约束绿箱，但是因为其鼓励成员将黄箱和蓝箱政策转入绿箱，所以可以认为国内支持规则是在鼓励绿箱支持的增加。为不失一般性，这里分别采用 OECD 的政府一般服务支出估计量（GSSE）和生产者支持估计量（PSE）代表农业总体保护水平。为避免某些年份数据波动特殊，都使用了 2 年或 3 年的移动平均数据代替原始数据。这里使用 OECD 指标而非 WTO 的 AMS 指标的原因是，AMS 是从 1995 年开始，而 OECD 国家的支持数据从 1986 年开始，更长的时间范围有助于提高模型结果的一致性。没有使用世界银行的 NRA 指标的原因是，NRA 是采用一般均衡模型后测算出来的保护水平，是一个相对量，而本研究更侧重于实际支持水平对农业的影响。还需要说明的是，由于本研究使用的是 OECD 指标，因此模型中包括的国家（为 OECD 国家和 OECD 测算 PSE 的几个非 OECD 国家）与本书 3.2 中的国家范围并不相同。

3.4.2 模型结果

构建不平衡固定效应面板模型，得到的结果见表 3-6。

表 3-6 使用 PSE 代表一国政府对农业的支持水平，分别测算了其对谷物单产水平及农业 GDP 占总 GDP 比重的影响力。模型 1 和 2 的估计方法相同，存在国家个体效应。结果发现，对生产者的支持显著提高了谷物单产水平。这一实证结果说明了各国政府倾向于 PSE 政策的内在原因。此外，一国的农业发展阶段也对谷物产出有重要影响，农业 GDP 比重越高、人均农业 GDP 越高，谷物单产水平越高。而农村人口比重越低，谷物单产水平越高。但这一结果并没有完全解释农业发展阶段与生产水平的关系。一国的农业发展阶段与谷物单产水平的关系是否具有二次函数关系，如倒 U 形，值得进一步研究。模型 3 和 4 是以农业 GDP 比重作为被解释变量，结果发现，政府支持农业，对农业 GDP 比重的影响很小，意味着，政府对农业的扶持，有助于提高谷物单产水平等，但在整个经济系统中，政府的扶持对改变一二三产结构并没有太大作用。相反，农业用地比重越高，农业 GDP 比重越大，这也反映了随着工业化、城镇化的发展，农业用地比重下降，会导致农业 GDP 相应下降。单位面积农业机械拥有量对提高农业 GDP 的作用是正显著的。农村人口比重越大，农业 GDP 越高，这是因为农村人口比重较大的时候，该国总体经济发展水平也较为落后。农产品出口占农产品贸

易比重越高，证明该国的食品在国际市场的竞争力越强，则该国的农业 GDP 比重也较高。

从 GSSE 指标来衡量其对农业生产的作用（模型 5～8）发现，不挂钩的对市场扭曲作用较小的政府一般服务类支出，对谷物单产水平的提高没有显著影响，而对农业 GDP 则还有弱的负向影响。将 GSSE 数据换为农业科研支出数据，结果与 GSSE 相似，在国际层面上，农业科研支出对谷物单产水平提高和农业 GDP 增加的作用都不显著。这一结论证实了理论上对各类农业补贴政策的分析结果。

表 3-6　农业政策影响模型估计结果

变　量	谷物单产水平 模型(PSE)		农业 GDP 比重 模型(PSE)		谷物单产水平 模型(GSSE)		农业 GDP 比重 模型(GSSE)	
	模型 1	模型 2	模型 3	模型 4	模型 5	模型 6	模型 7	模型 8
PSE/GSSE	85.86 ***	89.72 ***	0.28	0.25	71.66	100.25	−1.11 *	−1.20 **
	(18.33)	(18.79)	(0.21)	(0.20)	(135.10)	(125.45)	(0.57)	(0.50)
农业 GDP 比重	51.33 *	59.09 *			84.05	95.97		
	(27.27)	(32.18)			(52.83)	(59.96)		
农业用地比重	41.52		0.15 *		49.26		0.20 *	
	(46.91)		(0.08)		(51.28)		(0.11)	
单位面积农业机械拥有量	0.47	0.41	0.00 ***	0.00 ***	0.40	0.33	0.00 **	0.00 **
	(0.30)	(0.30)	(0.00)	(0.00)	(0.32)	(0.32)	(0.00)	(0.00)
人均农业 GDP	0.06 ***	0.06 ***	−0.00	−0.00	0.06 ***	0.06 ***	−0.00	−0.00
	(0.01)	(0.01)	(0.00)	(0.00)	(0.02)	(0.02)	(0.00)	(0.00)
人均耕地面积	110.89	477.54		−4.00	−198.17	225.42		−5.71
	(1 706.26)	(1 405.00)		(4.25)	(1 967.95)	(1 646.63)		(3.68)
农村人口比重	−55.47 ***	−52.72 **	0.49 ***	0.47 ***	−52.27 **	−49.42 **	0.58 ***	0.54 ***
	(18.44)	(19.10)	(0.12)	(0.11)	(22.06)	(22.39)	(0.11)	(0.09)
农产品出口占农产品贸易比重	−1.25	−1.56	0.08 ***	0.07 ***	−3.32	−3.49	0.07 ***	0.07 ***
	(23.55)	(24.63)	(0.01)	(0.02)	(25.83)	(26.79)	(0.02)	(0.02)
常数项	−306.12	2 269.04 **	2.17	−5.07	−1 125.09	1 898.14	1.03	−8.62
R^2(组内)	0.381	0.373	0.762	0.769	0.346	0.335	0.745	0.760

注：*** $P<0.01$，表示在 1% 的置信区间可信，** $P<0.05$，表示在 5% 的置信区间可信，* $P<0.1$ 表示在 10% 的置信区间可信。

3.5　本章小结

（1）在梳理农业保护的理论依据及对经济可能产生影响的基础上，提出了关于农业保护理论的两个假说，使用长时序多国别面板数据进行验证，并进一步考察了农业保护对一国经济和农业发展的影响作用。

（2）一国实施农业保护的经济学理论解释主要有3种，分别为经济发展阶段决定农业保护水平、出于获得农民选票的政治经济农业保护理论以及出于农业弱质性考虑的保护理论，如一国对粮食安全的考虑等。从发展的角度来看，3种理论本质相通，都揭示了随着一国经济的发展，农业的相对比较优势地位会改变，当相对于其他产业的弱势状况突出时，农业利益相关部门则会去游说和寻求保护；一国政府也会根据其保护农业的财政负担和选票收益来调整农业政策。

（3）使用42个国家1960—2007年的数据进行经济发展阶段与保护水平关系的实证检验发现，从时序角度来看，一国农业保护水平与经济发展的确存在着较强的相关性，但并非线性相关，而是存在二次或三次函数的关系，验证了本书提出的假说。基于此，描绘了农业保护水平和经济发展关系的变化路径。随着一国经济发展所处阶段及农业相对比较优势的不同，其对农业的保护水平可能经历先下降后上升再下降的变化趋势。当前国内外研究中，对农业保护水平和经济发展的二次函数关系的检验尚不是很多，这属于本书的创新点之一。这一国际经验对于认识WTO国内支持规则的作用原理有重要启示，它意味着，一国的国内农业政策是与其国内农业发展和经济水平密切相关的，那么国际规则的正确定位应该是，在顺应国家农业保护发展的轨道上，对国际农业保护趋势加以约束并引导；如果国际规则强硬地以与该国农业发展道路相反的规则来约束，可能会受到WTO成员的内在抵触，约束效果会大打折扣。

（4）从各个国家来看，影响农业保护水平的除了经济发展水平外，还包括一国的农业资源禀赋及发展水平，如人均耕地面积、单位面积农业机械拥有量、农产品出口优势等，以及与农业在该国经济中的地位有关系。发达国家和发展中国家当前对农业保护的政策和水平差异较大。在发展中国家，农业 GDP 占总 GDP 的比重、农村人口占总人口的比重和单位面积农业机械拥有量，对农业保护水平都是负向关系，意味着在农村人口比重比较高的时期（或发展中国家），对农业的保护力度就低。发达国家正好相反，随着经济的不断发展，对农业的保护水平也在不断提高；而且在农村人口比重相对较高的发达国家，其农业保护水平也相对较高。

（5）发展中国家国内政策保护与边境贸易政策保护的影响因素较为一致，但发达国家则不然，其对农业的国内支持政策保护水平，主要取决于农业在经济中的相对地位以及该国的经济实力，而与农业的绝对发展水平（单位面积农业机械拥有量、人均耕地面积和农产品出口优势）的关系较弱。意味着发达国家目前可以将其边境贸易政策和国内政策分开调整来保护农业，增加了很大的灵活性；而发展中国家，可能由于政策经验不够丰富等原因，仍然处在国内政策与边境贸易政策调整步调一致的状态。

（6）使用模型分析证实了粮食安全水平是一国设置农业保护，尤其是粮食保护政策的主要考虑因素之一。农业 GDP 比重越大的国家（较为落后的国家），其对粮食的保护更多的是依靠边境贸易政策，而对国内支持政策的使用并不充分；谷物单产水平对粮食的保护水平有负向关系，意味着谷物竞争力越强，政府可能对谷物的支持水平越低；人均 GDP 对粮食保护水平有显著的正向促进作用；农村人口比重越低，保护水平越高；粮食种植面积占耕地面积的比重越大，说明其粮食生产在该国该段时期更为普遍，此种情况下，政府对粮食的保护水平也较高。

（7）农业保护政策对一国经济和农业发展的影响取决于农业政策类型。用 OECD 的 PSE 指标测算，发现 PSE 对提高谷物单产水平有显著的正向作用，但对农业 GDP 比重的影响不大；而以 GSSE 指标作为自变量发现，其对农业生产的扭曲作用的确很小，对提高谷物单产及农业总体生产水平都没有直接的显著影响。

4 国内支持规则的
约束效率分析

农业国内支持规则的主要目的是约束 WTO 成员对国内农业的政策性补贴与支持，以降低该成员的国内市场扭曲面对国际市场的干预。已有研究表明，一国对农业给予支持有多种动机和依据，且出于政治经济角度的政策往往难以在短期内取消或减少。这意味着农业国内支持规则约束的对象是极其复杂和具有难度的，使得对国内支持规则运作效率的考核显得更为必要。对其考核可以从多个方面进行，包括规则本身条款的遵守程度、违反规则的惩罚力度、遵守规则后的效果与预期之差，以及在运作过程中规则自身暴露出来的问题能否得到内部修正等。

尽可能从经济学的角度考察农业国内支持的运作效果是本书的一个关注点。本章基于国际视角，在分析国内支持规则运作的基本理论后，从实际支持与约束空间、监督与强制执行力两个方面探讨规则的约束效率，并以巴西起诉美国棉花补贴案例为例进行分析。

4.1 国际农业规则的理论基础

关于国际贸易理论研究的历史较为悠久[①]，但对规制或促进国际贸易的国际规则的规范经济学研究却是近十几年才正式得到发展，主要动力来自对解释 GATT 和 WTO 规则作用机理的不同的需求。对贸易协定的经济学解释可以分为 3 类，一是认为政府积极

---

① 通常认为源自 19 世纪末的亚当·斯密的绝对比较优势理论。

参与多双边谈判是为了为国内消费者谋取自由利益，即优化贸易条件；二是政府参与国际合作是为了争取贸易受益人的政治支持；第三类解释是政府寻求一个更有威信的外部公共机构来向公众展示其政策承诺。本节简要阐述这 3 种关于国际贸易规则产生的经济学理论，更加详细的基础理论可以参考 Bagwell 和 Staiger（2005）、Josling（2007）等。

4.1.1 优化贸易条件

贸易条件是衡量一国出口相对于进口的盈利能力和贸易利益的指标，通常多用出口与进口的交换比价来表示，如果出口价格相对于进口价格上涨，说明出口同量商品能换回比原来更多的进口商品，则认为该国贸易条件得到了改善（王蕴琪，2009）。国际规则的贸易条件理论认为，国家寻求建立国际规则是因为希望改善贸易条件。核心逻辑是，当各国单边设定关税时，如果关税成本完全由外国来承担，则该国会持续有征税的动机；但当每个国家都意识到关税对本国的益处和对他国的不利之处的时候，就都开始征税以避免自己承担过多成本，这种情况下，就无法实现贸易自由化带来的利益最大化，甚至各国都会因此有利益损失，这就是国际贸易中的"囚徒困境"。此时，如果有一个国际规则，具有一定的约束效率，可以避免各国单方征税，从而使得所有国家都受益，那么各个国家就有需求来建立这样的国际规则，即借助贸易协定来进行国家间的合作。由于这样的国际贸易协定可以解决成员之间的"囚徒困境"，这一理论又被称为"解决'囚徒困境'"的理论。

由于贸易条件就是国际贸易理论研究的核心问题和工具，因此，在当前的有关国际规则经济学解释中，贸易条件理论被称为是各种理论中最正宗和全面的观点，也是唯一将各国进行贸易合作的原因和方式结合起来加以阐释的理论。

根据 Bagwell 和 Staiger（2005），贸易条件的标准一般均衡贸易模型如下：假定有两个实力相当的国家，外国的变量以带 " * "

号上标表示，各国都生产 x 和 y 两种商品，但同时本国出口 y 产品，进口 x 产品；外国相反。各国的生产是在机会成本递增的完全竞争市场条件下进行生产。如果没有关税、且不存在任何贸易成本，则 $p_x = p_x^*$，$p_y = p_y^*$。定义 $p \equiv p_x / p_y$（$p^* \equiv p_x^* / p_y^*$）是无关税情况下外国（本国）的贸易条件指数，$p^w \equiv p_x^* / p_y$ 是世界没有征税时两国相对价格。

对于每个国家而言，其生产均衡点时 x 和 y 之间的边际转换率等于当地相对价格。国内的生产函数 $Q_i = Q_i(p)$，国外的生产函数 $Q_i^* = Q_i^*(p^*)$，$i = \{x, y\}$。

消费由当地的相对价格和关税收入 R（R^*）决定。当地相对价格表示的是消费者在两种商品上的取舍选择，以及社会经济中要素收入的分配水平；关税收入是分配给国内（国外）消费者的关税总和，用每单位当地出口产品的国内价格衡量。如此，国内和国外的消费表示为：

$$D = D_i(p, R) \text{ 和 } D_i^* = D_i^*(p^*, R^*)$$

假定本国和外国分别对国内产品实施从价补贴 λ 和 λ^*。这种补贴相当于降低了生产者的生产成本，进而可以使得生产者以较低的价格出口。假定由国内需求和供给曲线弹性共同决定的本国市场价格将下降 t（$t < \lambda$），外国市场下降 t^*（$t^* < \lambda$）。定义 $\tau \equiv (1+t)$，$\tau^* \equiv (1+t^*)$。

那么两国的贸易条件就可以由 p^w 和 τ 定，即：

$$p = p_x / p_y = p_x^* \times \tau \div p_y = \tau p^w \tag{4-1}$$

$$p^* = p^w / \tau^* = p^*(\tau^*, p^w) \tag{4-2}$$

对于本国来说，x 商品的进口量可以表示为：

$$M(p, p^w) \equiv C_x(p, p^w) - Q_x(p) \tag{4-3}$$

y 商品的出口量表示为：

$$E(p, p^w) \equiv Q_y(p) - C_y(p, p^w) \tag{4-4}$$

在任何的国际价格水平下，本国和外国的预算约束都意味着贸易平衡，即：

$$p^w M(p, p^w) = E(p, p^w) \tag{4-5}$$

$$M^*(p^*, p^w) = p^w E^*(p^*, p^w) \qquad (4\text{-}6)$$

由于本地价格可由关税和国际价格来表示，则可通过满足商品 y 的市场出清条件来决定均衡的国际价格 $\tilde{p}^w$（τ，τ^w）。假设不存在梅茨勒—勒纳悖论。

国内关税的收益表示为：

$$R = [D_x(p, R) - Q_x(p)][p - p^w] \qquad (4\text{-}7)$$

假定政府追求本国国民福利最大化，而贸易条件又是其追求福利最大化的主要途径。政府的福利函数表示为：

$$V(p, \tilde{p}^w) \equiv v[p, I(p, \tilde{p}^w)] \qquad (4\text{-}8)$$

V 表示本国的间接效用函数，I 表示本国国民收入，为生产及关税收入之和：

$$I = pQ_x(p) + Q_y(p) + R(p, \tilde{p}^w) \qquad (4\text{-}9)$$

由于 $\tilde{p}^w$ 是关税的函数，所以 V 也是关税的函数，对 V 求 p 的偏导数，表述为：

$$V_p = v_I[v_p/v_I + I_p(p, \tilde{p}^w)] \qquad (4\text{-}10)$$

将式（4-1）、（4-5）、（4-6）、（4-7）和（4-9）代入式（4-10），并令 $V_p = 0$，可以得到用关税表示的最优福利条件为：

$$V_p = t\tilde{p}^w \times v_I \times M_p(p, \tilde{p}^w) \qquad (4\text{-}11)$$

因此，$V_p = 0$ 意味着关税等于 0 为最优选择。这就是用理论范式推导出的政府在贸易环境中追求最优贸易条件的均衡条件，即关税水平 $t = 0$。

图 4-1 描述了贸易条件的作用理论。起初，双方都征收关税的无效率合作的均衡位于点 N，该点是两国的等福利线（分别以 V^N 和 V^{*N} 表示）的垂直（水平）的水平（垂直）最高点，达到了这个均衡之后任何一国政府都不能再通过改变单边的关税政策来提高收益。N 点是非效率组合点，因为该点上，本国和外国的等福利线并没有相切。有效的关税组合应该满足 $\tau = 1/\tau^*$，即一国征收关税，另一国就给予补贴。在图中用 EE 线来表示，EE 线上的所有点都是有效率的关税组合点，其中也包括了互惠自由贸易点

$(t=t^*=0)$。EE 线上的粗线部分是一条契约线（表示每个国家的福利都大于纳什均衡福利的有效关税组合）。由于假设两国实力相当，所以契约线包括了互惠自由贸易点。

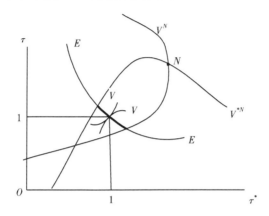

图 4-1　贸易条件优化目标下国际贸易规则作用理论

4.1.2　政治经济学的解释

政治经济学的解释是假定政府在考虑改善贸易条件之余，还关注国内部门利益的分配结果，是在贸易条件的基础上将政府目标复杂化，令其既包括了政府使其国民福利最大化的目标，也包括出于利益分配的考虑而做出的决策。用 W $(p,\ \widetilde{p}^w)$ 表示本国政府的目标函数。假设当地价格不变而贸易条件改善时，可实现更高的福利水平，即效用函数对贸易条件求偏导数，值为负。

$$W_{\widetilde{p}^w}(p,\ \widetilde{p}^w)<0,\ W^*_{\widetilde{p}^w}(p,\ \widetilde{p}^{*w})>0 \qquad (4\text{-}12)$$

用图形（图 4-2）表示为，原始的关税组合 A 是本国国内当地等价格线 $p\ (A)$ 和世界等价格线 $p^w\ (A)$ 的交点。假设梅茨勒—勒纳反论不存在，意味着本国国内价格不变，国际价格下降时，世界等价格线会向上倾斜，A 点会向 B 点移动。与此相应，就会有更高的国内关税或者是更低的国外关税。

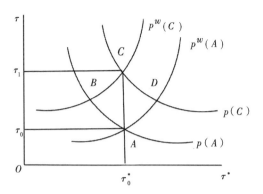

图 4-2 对国际贸易规则的政治经济理论解释

4.1.3 政府对国内部门的承诺

承诺方法的核心思想是，贸易协定为政府提供了一种增强政策信誉的途径，相当于政府对私人部门做出的某项承诺因为有国际规则的监督变得更加可信。它与政治经济学的区别是，关注私人部门之间的博弈，而非政府间的博弈。在这样的博弈中，政府选择其贸易政策，私人部门根据政策做出生产或投资的决策，政府如果在制定贸易政策时随意性太大，就会出现信誉问题。

在研究承诺理论时，需要过滤掉贸易条件带来的加入贸易协定动机的作用，此时使用小国模型，假定国际价格不变即可实现（Maggi 和 Rodriguez，1998）。在政府不加入贸易协定时，两个部门中，如果有一个部门能够形成政府外活动集团，则政府可能接纳捐助进而导致资源配置扭曲。如果政府加入贸易协定，私人部门对政府的能力会有更高的预期，相信其不通过游说也能获得政府的一些承诺，因此就可以减少因为游说带来的资源配置扭曲，这是政府加入贸易协定可获得的额外收益，而同时政府也要付出一些成本，即丧失了私人部门对其的捐助。

此外，GATT 的互惠原则也发挥了承诺理论的原理，它有助于贸易协定中的贸易大国对小国做出承诺，有利于小国参与谈判，这是规则可以帮助小国的理论。在 WTO 中，即使是小国，也享有广泛的权利，使得可以在争端解决中处于平等的地位。

除了上述 3 个主要的经济学角度解释的国家参与多边合作的动因理论之外，还有其他的经济动因促使政府行为，如增加市场规模、确保不受特惠安排的侵蚀、加强保护或增加谈判能力等。这些动因尤其在政府参与双边谈判中更为显明。

4.1.4　与国际农业规则相关的理论

为便于理解，本书参照蓝海涛（2001）的思路，讨论了在国际农业贸易中，国际规则的必要性。假定存在 A、B、C、D、E 共 5 个农业贸易国。5 个国家的基本情况分别如下：

A 为农业贸易大国，农业缺乏比较优势，但因采取强势农业国内支持政策，导致农产品生产过剩，国内价格高于国际价格；B 国为农业贸易大国，农产品有一定比较优势，国内也给予保护和支持政策，国内价格低于国际价格；C 国为贸易小国，财力不足，农业拥有较强的比较优势，国内价格低于国际价格；D 国为农业贸易小国，农业不具有比较优势，供给不足，国内价格高于国际价格；E 国为农业贸易大国，主要农产品缺乏比较优势，某些农产品供给不足，国内价格高于国际价格。即 A、B、C 是农产品贸易净出口国，D、E 是净进口国。5 国基本情况总结在表 4-1 中。

表 4-1　农业贸易政策 5 国模型假定与结果

国别	假　设					政策对国际价格的影响
	是否为农业贸易大国	农业是否具有比较优势	国内是否给予强力保护	贸易状态	国内价格与国际价格（p_w）	
A 国	大国	无	国内支持出口补贴	净出口	$p_a>p_w$	降低 p_w
B 国	大国	有	出口补贴	净出口	$P_b<p_w$	降低 p_w
C 国	小国	有	无保护	净出口	$p_c<p_w$	无影响
D 国	小国	无	无保护	净进口	$p_d>p_w$	无影响
E 国	大国	无	无保护	净进口	$p_e>p_w$	拉高 p_w

资料来源：蓝海涛（2001）。经作者整理得到。

假定 5 个国家没有任何贸易政策和干预措施时，进出口国的贸易达到均衡。现在假定 A、B 两国实施出口补贴，其他政策仍不变，由于 A、B 两国是贸易大国，出口补贴会降低国内生产成本，增加出口，世界总供给量上升，进而国际价格会降低，短期内使得进口国（D、E 两国）消费者受益，但两国的生产者却受到一定的冲击。此时，如果 E 国不对国内生产者进行补贴，则国内生产价格就会高于国际价格，由 E 国决定的国际市场需求曲线会向右移动，从而抬高国际价格（中国的大豆进口即为此例）。这样就相当于抵消了一部分出口国实施出口补贴所带来的国际价格下降的情况。最终国际价格的变化取决于 A、B 两国降低国际价格和 E 国拉高国际价格的幅度，即取决于供给弹性和需求弹性。

可以看出，由于出口国的出口补贴，国际市场已经受到影响。此时，如果 E 国对国内生产者实施补贴，使得国内消费者可获得的价格等于或低于有出口补贴的国际价格，则 E 国不会增加进口，甚至有可能减少进口，国际市场需求曲线可能不变或者向左移动，此时国际价格一定低于没有任何补贴时的初始水平。在这一情况下，由于 C 和 D 国是小国，无论是否对国内生产者补贴，C 国的出口价格和 D 国的进口价格都会随着国际价格的下降而下降。最终，C 国出口额的变化则取决于国际市场对其产品的需求弹性；而 D 国的消费者受益，生产者会受到国际低价的冲击。5 国模型主要假定与结果见表 4-1。农业高保护的成本，在农产品进口国可以通过较高的农产品价格转嫁给消费者，但在出口国则必须由财政负担（速水佑次郎，2003）。

如果能够有国际规则，制约贸易大国可用的出口补贴或国内补贴，国际价格不会因此下降，均衡价格与成本成合适比例，贸易量不会减少，世界总福利会增大。如前面的"囚徒困境"理论所阐述的，各国之间要么就是在没有国际规则的时候，竞相定关税和出口补贴来达到一种非效率均衡；要么就是在国际规则的约束下，各方都降低对农产品市场的干预程度，达到有效率的均衡。

4.2　国内支持规则的约束效率：实际支持与约束空间

国内支持规则的约束效率可以从多个层面来考核和体现，本节和下一节主要从两个角度来考察，首先考察表观的效率，即成员是否在规则下有效遵守了削减承诺，以及削减承诺对实际一成员支持水平的约束等；下一节将考察这一规则在解决争端及约束实施方面的能力。

4.2.1　WTO成员与新成员的约束上限对比

《农业协定》规定，新成员可用AMS约束水平为微量允许水平的可用空间，即10％（20％）发达成员（发展中成员）的农业产值。而对于WTO的初始成员，即那些在1995年之前就通报了其国内支持水平的，按照其基期的AMS水平，制定其AMS约束水平（Bound AMS）进行削减，发达成员用5年时间（发展中成员用9年时间）削减到承诺水平。在这里明确约束上限、约束空间与约束水平概念的区别。约束上限指AMS约束上限占农业产值比重；约束空间指AMS约束上限与实际AMS之差，即实际AMS离约束上限的空间；约束水平指的是约束上限与约束空间的相对关系，约束水平高证明剩下的约束空间少，约束起到了预期的效果。根据《农业协定》要求，WTO初始成员的约束上限需要逐年削减。

这就引出一个问题，即WTO规则能否在制定初始成员的承诺水平与新成员的微量允许水平时寻找到有效和相对公平的方案。图4-3汇总了WTO主要初始成员的AMS约束上限占其当年国内农业产值的比重。可以发现，占比较高的成员主要有挪威（45％以上）、日本（一直在45％以上）、欧盟（从1995年38％到2009年22％）和保加利亚（在15％～20％）。此外，约束上限占到农业产值10％以上的发达成员还有加拿大（从17％降到10％）和以色列（从18％降到8％）。美国和韩国的约束上限占比下降比较快，美国从1995年的12.4％降到2010年的5.7％，韩国从7.9％降到3.7％。其他发展中成员的约束上限占比在10％以下，且呈不断下降趋势。

这一现象反映了一个问题，对于 WTO 初始的发达成员来说，由于其在 WTO 成立之初的实际支持水平就很高，因此获得的约束承诺水平也居于高位，而对于 WTO 初始的发展中成员，由于其在 1995 年时的实际 AMS 水平较低，所获得的可用的约束上限也处于低位。比较新成员的微量允许水平和初始成员的承诺空间，可以发现，该规则为 WTO 初始发达成员提供了非常宽松的空间，而对于初始发展中成员，其承诺空间甚至可能低于新加入的发展中成员（占农业产值的 10%）。这一现象反映出，《农业协定》在发达和不发达成员之间、在新加入和初始成员之间的规制约束效率是不同的，呈现出"强者越强、弱者越弱"的特点。

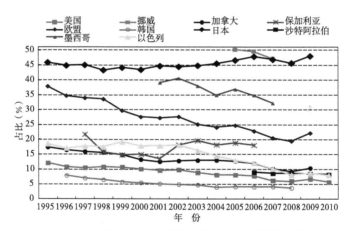

图 4-3　主要成员 AMS 约束上限占农业产值的比重

数据来源：WTO 网站。经作者整理得到。

4.2.2　AMS 约束空间的使用情况

在分析了 AMS 约束上限水平之后，有必要关注各成员对其获得的约束空间的使用情况。

定义 AMS "使用率"为实际 AMS 占当年 AMS 约束上限的比重。图 4-4 将每年各 WTO 成员的 AMS 空间使用率划分为 6 个等级，并统计了每年每个使用等级的成员数。发现随着时间的推移，有更大比例的成员开始提高使用率，这一现象主要由两个原因造成，一是根据《农业协定》规则，部分成员的 AMS 约束上限水平需要逐年进行削减，使得比重值中的分母不断变小；二是部分成员实际 AMS 水平逐年上升，使得分子增大，最终导致使用率越来越高。这一结论可以证实 WTO 的国内支持规则在一定程度上实现了预期的部分目标。本书附录 2 和附录 3 展示了初始成员的 AMS 使用率和约束上限占农业产值的比重的详细数据。

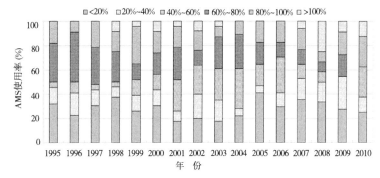

图 4-4　WTO 初始成员的 AMS 使用率的分布情况

注：由于并不是每个成员都按时向 WTO 通报其每年的国内支持水平，图中每年成员总数不同，因此该图仅代表 AMS 使用率的分布情况，不同年份同一使用率上的成员数目不具有可比性。

资料来源：WTO 网站。经作者整理得到。

　　进一步，选择 8 个 WTO 主要成员，考察其 AMS 使用率情况，见图 4-5。发现多数成员 AMS 使用率都呈下降趋势。具体地，美国、韩国、澳大利亚和加拿大呈现了先上升后下降的趋势，且主要是在 1998—2002 年 AMS 使用率上升，之后逐渐下降。主要原因，一方面是在《农业协定》生效之初，随着约束上限的不断降低，这些成员在短期内来不及调整国内政策，使 AMS 使用率不断提高；另一方面是当时国际价格的波动，通过对国内黄箱转箱或者降低支持水平等措施，再次使 AMS 使用率降低。欧盟 AMS 使用率一直不断下降。日本由 1998 年的 70％以上降到 20％左右，并稳定在这一水平。发展中成员（墨西哥和巴西）的使用率一直较低，位于 10％以下，不过 2005 年以来，巴西的使用率开始快速上升，达到 40％以上，2009 年在 30％左右。

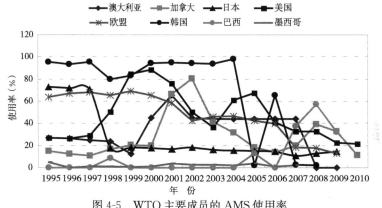

图 4-5　WTO 主要成员的 AMS 使用率

数据来源：WTO 网站。经作者整理得到。

4.3　国内支持规则的约束效率：监督与强制执行力

如果一项国际协定是可信的，它就必须有一套完整的规则，规定遵守和违反规定的后果，并具有专门的强势实施机构来监督和执行相应的奖励和惩罚。"在开放市场中，要使一项协定能够自我实施，只有协定本身能够制定可靠的报复手段来应付任何国家对该协定的背离以及额外设置的贸易障碍"（Bagwell 和 Staiger，2003）。换句话说，如果一项国际规则可以保证重复博弈的过程，那么这一重复博弈机制本身将促进规则的良好运转。

GATT/WTO 作为一个促进国际贸易的机构，其基本原则有 9 个①，其中涉及国内支持政策的原则包括透明度原则、对发展中成员和最不发达成员优惠待遇原则以及公正平等处理贸易争端原则。

---

①　分别为无差别待遇、最惠国待遇、国民待遇、透明度原则、贸易自由化原则、市场准入原则、互惠原则、对发展中成员和最不发达成员优惠待遇原则以及公正平等处理贸易争端原则。

在国内支持规则方面，透明度原则的实践是要求各成员定期向
WTO通报其国内支持政策，并且WTO的贸易政策审议（Trade
Policy Review Mechanism，TPRM）中也要求对农业国内支持政
策给予说明。对发展中成员和最不发达成员优惠待遇原则在国内支
持议题方面体现得较为突出，当前不论是削减幅度、还是削减执行
期限，都区分了发达成员和不发达成员，这一原则可以被看作
WTO无差别待遇原则的一种例外。公正平等处理贸易争端原则与
农产品国内支持政策关系也比较密切。当前，农产品国际贸易争端
中，大部分是源自出口补贴及国内补贴而引起的反倾销、反补贴争
端。本部分主要从两个方面来考察国内支持规则功能发挥的情况，
分别为监督权力和强制实施权力的约束效率。

4.3.1 监督权力——以对国内支持规则执行情况的监督为例

　　《农业协定》的第18条①规定了对农业规则执行情况的审议要
求。要求各成员及时报告其政策的改变、定期通报其支持水平等，
还明确了其他成员有权利获得对某一成员的政策的了解，及参与审
议过程，这体现了规则的公平性和透明性。
　　就农业国内支持规则来看，各成员的通报进度并不一致（表
4-2）。自WTO成立以来，成员的通报情况可以分为两个阶段，第
一个阶段是2008年之前，当时各成员都致力于尽快推动多哈回合谈
判达成，但并未就通报等事宜积极落实；2008年之后，谈判再次陷

---

　　① 《农业协定》第18条具体包括7点，分别为(1)农业委员会应审议在乌拉圭回合改
革计划下谈判达成的承诺的执行情况。(2)审议过程应以各成员就此类事项提交的通报知
为依据，按照待确定的时间间隔进行，还可根据秘书处为便利审议过程而要求准备的文件进
行。(3)除根据第2款应提交的通报知外，要求免除削减的任何新的国内支持措施或对一现
行措施的修改均应及时进行通报知。该通报知应包含新措施或修改措施的细节以及与第6
条或附件2所列议定标准符合的程度。(4)在审议过程中，各成员应适当考虑过高通货膨胀
率对任何成员遵守其国内支持承诺的能力的影响。(5)各成员同意每年在农业委员会中，在
本协定项下出口补贴承诺的框架内，就参与国际农产品贸易的正常增长进行磋商。(6)审议
过程应向各成员提供机会，以便提出与执行本协定所列改革计划下承诺有关的任何事项。
(7)任何成员均可提请农业委员会注意该成员认为另一成员应通报知的任何措施。

入低谷，主要成员呼吁从其他的议题入手，推动了国内支持的通报情况。尽管《农业协定》中有条款要求成员及时向 WTO 通报其农业的市场准入、国内支持和出口补贴水平，但相对于市场准入及出口补贴，国内支持的通报情况最为落后。总体来看，2010—2013 年，美国、欧盟、加拿大、日本、韩国、澳大利亚及中国的通报都较为及时和规律，基本是每年通报 2 年前的国内支持情况，其他发展中成员的通报则较为落后，如 2011 年印度通报到 2003 年。

表 4-2　WTO 主要成员的国内支持通报进展

成员	最新的数据年份	国内支持通报情况
美国	2010	2012（2010），2011（2009），2010（2008），2009（2006—2007）
欧盟	2009	2012（2008—2009），2011（2007），2010（2006），2009（2004—2005）
日本	2009	2011（2007—2009），2008（2005），2007（2004）
澳大利亚	2009	2011（2009），2010（2008），2009（2007）
加拿大	2010	2013（2010），2012（2008—2009），2011（2006—2007），2010（2005）
韩国	2008	2011（2005—2008），2007（2001—2004），2002（2000）
巴西	2008	2012（2006—2008），2010（2004—2005），2007（2003）
阿根廷	2008	2012（2006—2008），2010（2004—2005），2008（2002—2003），2006（2001）
印度	2003	2011（1998—2003），2002（1996—1997），1998（1995）
中国	2008	2011（2005—2008），2010（2002—2004），2006（1999—2001）

注：括号内为通报的数据年份。

资料来源：WTO 网站。经作者整理得到。

4.3.2　强制执行力——以农产品反补贴贸易争端的解决为例

国际贸易规则中，成员对农产品进行反补贴调查不同于其他产品，《农业协定》第 13 条的"和平条款"规定了农业补贴中免于被起诉的情况，要求其他成员对一成员的农业补贴要"适当克制"，除非迫不得已，不对农业补贴进行反补贴调查。这一规定既包括绿箱政策，又包括黄箱政策，但一项政策免于反补贴调查必须完全符合绿箱和黄箱政策的要求。对于不符合《农业协定》规定的农产品补贴，则难以避免其他成员的农业反补贴调查。

从争端的受理过程来看，WTO 贸易争端解决机构公平地对待和受理了各种产品贸易的争端案件，但对农产品贸易争端案件的判决及执行效果远不如非农产品。体现在要么是专家组的专家成员不足，无法按时组建专家组；要么是专家组报告出来后，被起诉方迟迟不肯执行决议，或者不向 WTO 汇报其执行裁决的情况。表 4-3 统计了WTO 成立以来受理及处理的贸易争端情况，截至 2013 年 3 月，共计受理 456 件，其中直接与农产品贸易相关的案件 150 件，涉农争端案件占总案件的 1/3。当前处于和解（包括案件自原告方提出后就和解，未经 WTO 协调和判定）状态的案件中，农产品有 55 件，占该状态总案件的 38.5%；案件结算或终止的案件中，农产品占 32.3%。从这两种状态来看，农产品比其他产品的贸易争端略微倾向于和解，而不是进入 WTO 贸易争端解决程序。从"判决结果需要采取相应措施""通报的措施双方均可接受"和"制裁结束发现违规"3 种状态来看，农产品案件均高于其他案件，反映了一旦农产品贸易争端进入 WTO 协调解决程序，则被告较少会主动采取自我约束措施，需要 WTO 判决并执行，而且即便是执行后，仍然倾向于违规，需要WTO 授权原告采取相应的报复措施。这些数字充分反映了农产品贸易争端在多边争端解决机制中，相对于其他产品具有更大的难度。

表 4-3　WTO 贸易争端中涉农争端的比重及解决状态

争端解决状态	和解	专家组设立但未组成	组成专家组，但未有下一步工作	判决结果通过，无须采取下一步行动	判决结果需要采取相应措施	被告向WTO通报实施措施	通报的措施双方均可接受
总争端数	143	22	11	27	28	83	21
涉农争端数	55	7	2	2	12	26	9
涉及国内支持争端数	4	2	0	0	0	0	0

（续）

争端解决 状态	和解	专家组设 立但未组 成	组成专家 组，但未 有下一步 工作	判决结果 通过，无 须采取下 一步行动	判决结果 需要采取 相应措施	被告向 WTO通报 实施措施	通报的措 施双方均 可接受
涉农争端数比 重（%）	38.5	31.8	18.2	7.4	42.9	31.3	42.9

争端解决 状态	制裁措施 实施期	制裁结束 未发现 违规	制裁结束 发现违规	要求WTO 授权报复	WTO授权 同意报复	专家组 失效	结算 或终止
总争端数	3	2	5	2	6	7	93
涉农争端数	0	0	3	0	1	3	30
涉及国内支持 争端数			1		1		0
涉农争端数比 重（%）	0.0	0.0	60.0	0.0	16.7	42.9	32.3

注：数据获取时间为 2013 年 3 月 20 日。

资料来源：WTO 贸易争端数据库。经作者整理得到。

4.4　巴西起诉美国棉花补贴案例分析

在农产品国内支持方面的贸易争端中，巴西起诉美国棉花补贴贸易争端属于较为典型的案例。以其作为案例，分析 WTO 的争端解决机制在处理农产品贸易争端方面的执行力。

4.4.1　棉花补贴案件进展回顾

自 2002 年 9 月 27 日巴西向 WTO 提交受理美国棉花补贴的申请以来，这一案件曾在 WTO 的贸易争端解决机构（DSB）的专家组判决、上诉机构报告、执行审查小组报告和执行审查上诉机构报告中分别处理，形成报告 4 份，前后历时 6 年之久。这一案件均被认定为违反了 WTO 的《农业协定》及反补贴规则等。2008 年，巴西获权对美国采取报复措施。然而，2010 年，案件结果再次转变，美国和巴西告知 WTO，双方主动和解并达成谅解备忘录，将共同解决棉花补贴争端问题，美国不改变其国内的棉花政策，但向巴西提供棉花技术援助、资金支持等。

在 WTO 争端解决机制中，专家组向 WTO 提交报告的时间是起诉方提交申请 6 个月之内，但负责巴西起诉美国棉花补贴案件的专家组认为案件较为复杂，申请延期 60 天提交报告。尽管巴西和专家组都认定美国的各类补贴违反了 WTO 规则，但美国由于国内支持政策调整的压力较大，所以决定上诉。美国上诉使得 WTO 对其裁决的执行措施往后拖延。巴西的棉花产业也会由于美国的长期实际无作为而不能获得从正常解决贸易争端中获得应得收益。2002年 9 月，一些非洲成员对此案例也非常关注，并积极报名作为争端解决机制的第三方成员来参与案件的调查与处理。但最终巴西和美国的和解也打消了第三方成员期望搭便车获得潜在收益的念头。

表 4-4 详细梳理这一争端案例的进展过程，并与 DSB 法定程序所规定的处理时间对照。对照可以发现两点：①DSB 受理巴西起诉美国棉花补贴案件都是按照 DSB 处理贸易争端的标准流程进行，但 DSB 针对案例情况给予特殊考虑的条款也都被用到这一案例中。不论专家组、上诉机构还是审查机构，其完成最终裁定报告的时间都不是法定应该完成时间，均往后拖延，使得本应该最多用时 1 年 3 个月（包括上诉）的案件历时 2 年 6 个月才得到最终判决。②即使判决生效后，败诉方美国并未按照要求执行判决，使得这一案件没有就此结束。为了对美国实施制裁措施，巴西又再次就美国的执行情况上诉 DSB，请求判决。这一过程也拖延了 1 倍的时间。

表 4-4 巴西起诉美国棉花补贴争端案件回顾

DSB 争端解决程序	巴西起诉美国案例的主要步骤	行动日期 （年-月-日）
磋商协调期：要求协商一方提出协商申请，60 天之内如无法完成协商，由 DSB 来解决	巴西申请与美国磋商	2002-09-27
	巴西申请成立专家组	2003-02-06
	WTO 拒绝成立专家组	2003-02-19
	巴西再次申请成立专家组，WTO 批准成立	2003-03-18

（续）

DSB 争端解决程序	巴西起诉美国案例的主要步骤	行动日期 （年-月-日）
应在 45 天之内完成专家组组建，专家组应在成立后 6 个月内交最终报告，提交报告 3 周后，将报告分发给各成员	专家组成立、专家委派完毕 专家组无法按时完成，申请延期到2004 年 5 月提交报告 专家组将报告分发给各成员	2003-05-13 2003-11-07 2004-09-08
如果没有上诉，60 天之后DSB 采纳报告，正常解决一项争端用 1 年时间		
如有上诉，上诉机构的报告应在 60～90 天之内完成并提交，DSB 应在 30 天之内采纳最终上诉机构报告	美国申请上诉，成立上诉机构 上诉机构表示无法提交报告，申请延期 上诉机构将报告分发给各成员 DSB 采纳上诉机构的报告	2004-10-18 2004-12-16 2005-03-05 2005-03-21
被起诉方如被认定违规，执行期 6～15 个月	判定美国需要取消或者调整其政策，实施期最长 15 个月	
关于执行情况的复查	巴西再次提起上诉，认为美国没有按照判决执行，申请设立执行审查小组 成立审查小组 审查小组表示无法按时完成报告 审查小组的报告分发给各成员	2006-08-18 2006-10-25 2007-01-09 2007-12-18
复查之后被起诉国提起上诉	美国申请上诉 上诉机构表示无法按时完成报告 上诉机构的报告分发给各成员 DSB 采纳上诉机构的报告	2008-02-12 2008-04-11 2008-06-02 2008-06-20
申请实施报复	巴西申请对美国实施报复 巴西通告 DSB 其将从 2010 年 4 月 7日起对美国实施关税报复	2009-09-06 2010-03-08
最终结果	巴西通告 DSB，其决定延期对美国实施报复，因为美国同意和巴西协商解决 巴西美国达成 *Framework for a Mutually Agreed Solution to the Cotton Dispute*（Framework）	2010-04-30 2010-08-25

资料来源：WTO 网站。经作者整理得到。

参与判决的第三方贸易法专家分别来自阿根廷、澳大利亚、加拿大、乍得、贝宁、中国、欧共体、印度、新西兰、巴基斯坦、巴拉圭、委内瑞拉、日本、泰国。引用的 WTO 条款：《农业协定》的 3.3、7.1、8、9.1 和 10.1 条。GATT 1994 的Ⅲ：4 条、XVI条。《补贴和反补贴措施协议》的第 3、5 和 6 条①。

4.4.2　美国的棉花政策及违规问题

巴西起诉美国政府对棉花提供的补贴政策，认为美国对棉花的措施，违背了多项《农业协定》规则，包括出口补贴、把非绿箱计入绿箱、对棉农多重价格保护等，各种政策及违规情况见表 4-5。巴西还通过事实数据，证实美国棉花因为国内的大力补贴而成为世界棉花第二大出口国，并且已经对巴西的棉花生产带来了实质性伤害。具体地，巴西的依据有：

（1）美国 2002 年农业法案的直接补贴及 1996 年农业法案的生产灵活性合同支付不属于绿箱范围。巴西认为，这两种补贴不完全符合 WTO 绿箱标准。首先，绿箱政策是不能依据基期后任何一年从事生产的类型发放，但美国的生产灵活性合同支付和直接支付都是有条件的，如要求获得支付的农民不得生产水果、蔬菜或野稻等。其次，绿箱政策应该基于明确和固定的基期，但美国 2002 年农业法案确定的直接支付却允许农场主根据 1998—2002 年棉花生产情况来调整接受补贴的面积。这一调整使得直接支付额与 2002 年农业法案之前的棉花生产挂钩，使农场主在 2002—2007 年获得了比 1996—2001 年更多的补贴。因此，巴西认为美国不应该将这两项政策在绿箱中通报。

（2）美国对棉花的出口补贴不适用于"和平条款"。美国对棉花"第二步"（Step Two）补贴是针对购买美国棉花的出口商和国内使用者给予补贴，使得其可以购买到较低价格的棉花。

---

① 资料来源：http://www.wto.org/english/tratop＿e/dispu＿e/cases＿e/ds267＿e.htm，是由 WTO 秘书处整理的关于美国对陆地棉补贴的争端解决案例。

（3）美国的出口信贷为购买美国棉花的国外进口商提供了容易获得的信贷担保，且这些担保的收益率不足以弥补长期操作成本和损失，因此属于变相补贴出口。

（4）巴西还通过美国及巴西棉花产业发展变化的数据，证明美国棉花补贴对巴西造成了严重损害，以及造成了严重损害威胁[①]。

表 4-5　巴西起诉美国棉花补贴措施及专家组裁定结果

补贴措施	支付金额	专家组定性	专家组建议
出口信贷担保	3.49 亿美元		取消
出口支付计划	4.15 亿美元，支付给出口商和国内棉花采购商	出口补贴（禁止性补贴）	取消
国内消费支付计划		进口替代补贴（禁止性补贴）	取消
营销贷款支付	8.89 亿美元，保证农户最少获得 1.147 美元/千克价格		
反周期支付计划（CCP）	8.695 亿美元，价格低于 1.449 美元/千克时使用		取消（造成严重伤害）
市场损失援助计划（MLA）	1.941 亿美元	黄箱（可诉）	
直接支付	4.214 亿美元，基于调整过的基期给予棉农 14.7 美分/千克的直接支付		列入黄箱
生产灵活性合同支付计划（PFC）			列入黄箱
2000 年境外收入排除法案（ETI 法案）		巴西未能举证	适用"和平条款"

资料来源：孙女尊（2004）。经作者整理得到。

4.4.3　起诉前后美国棉花产业的变化

从巴西起诉美国案件的进展来看，美国似乎并没有彻底遵守

---

① 严重损害威胁指一项政策即使未产生实际严重损害，但产生了严重损害威胁，WTO 规则也予以禁止。

WTO 规则以及遵守 DSB 的判决，但美国是否是完全对国际规则
熟视无睹，不遵守 DSB 的判决？基于这一问题，作者进一步考察
了美国近 19 年的棉花产业发展和变化情况。

从图 4-6 美国棉花产量来看，其曾在 1998 年达到最低水平，然
后开始快速增长，到 2005 年达到 520 万吨，之后产量又开始下降，
2008 和 2009 年都在 270 万吨左右。在此期间，中国和印度的棉花产
量增长较快；巴西棉花产量在世界排名并不靠前，但其自 1999 年以
来，产量也经历了快速上升，由 40 万吨提高到 2008 年的 130 万吨。

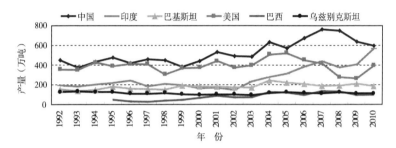

图 4-6　1992—2010 年主要国家棉花产量

数据来源：FAO 数据库。

从图 4-7 棉花生产者价格来看，在美国棉花产量高企的 1999—
2003 年，美国的棉花生产者价格在一路下降，由 1995 年的 1 687
美元/吨，降到 2002 年的 741 美元/吨，之后价格在波动中上升，

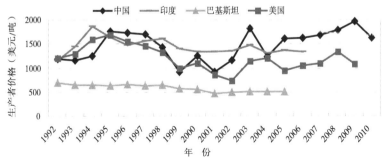

图 4-7　1992—2010 年主要国家棉花生产者价格

数据来源：FAO 数据库。

2009 年到达 1 078 美元/吨。与其他主要棉花生产大国相比，中国的棉花生产者价格水平最高，其次是印度。只有巴基斯坦的棉花生产者价格低于美国。

　　从图 4-8 棉花出口比重来看，自 1992 年以来，美国就是世界第一大棉花出口国，出口量占世界出口量的 20％～30％，但 1999 年出口量由 1998 年的 160 万吨降到 70 万吨，之后出口又恢复到世界第一大国的位置，出口份额维持在世界出口量的 40％左右。

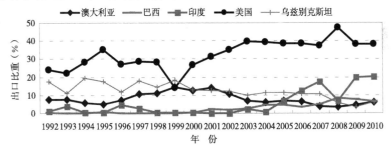

图 4-8　1992—2010 年主要国家棉花出口比重

数据来源：FAO 数据库。

　　从图 4-9 棉花出口价格来看，作为第一大出口国，美国的棉花出口价格波动带动着世界其他主要出口国的同方向波动，1995—2002 年，出口价格一路直降，由 1 800 元/吨降到 950 元/吨，下降了近一半。2002 年之后，出口价格改为波动中上升趋势。

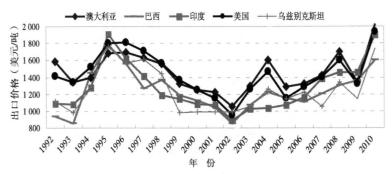

图 4-9　1992—2010 年主要国家棉花出口价格

数据来源：FAO 数据库。

从美国棉花产业的变动情况，结合巴西起诉美国补贴案例，可以看出自 1995 年以来，美国对棉花的出口促进政策使得其出口量不断增加，带动产量不断扩大。而出口价格和生产者价格都在不断下降，1999 年国内支持价格的波动对棉农收入带来较大负面影响，之后美国开始增加对棉农的生产性补贴，使得美国棉花在国际市场的优势得以继续保持。2002 年是巴西起诉美国棉花的起始年，也是美国 21 世纪第一个农业法的实施年，尽管胜诉后巴西认为美国一直没有完全遵守 DSB 的判决要求，但美国国内还是对棉花产业进行了一些政策调整，加之 2002—2005 年国际价格走高，使得美国可以适当减少对棉农的价格类支持，同时保持了产量和出口的不断增长趋势。

有关学者的计量研究进一步证实了美国对棉花市场干预产生的影响。Sumner（2003）使用模型分析了美国棉花补贴对国际贸易的影响，认为如果没有政府补贴，美国 1999—2002 年的棉花生产会减少 29％、出口会减少 41％，巴西和非洲棉农出售棉花的价格要提高 13％。此外，国际棉花咨询委员会（ICAC）、世界银行、国际货币基金组织、美国农业部和其他学者等研究结论也证实了 1999—2002 年美国补贴对棉花生产、出口和价格有明显的影响作用。

4.4.4 对约束效率的讨论

通过巴西起诉美国棉花补贴案，可以得到 5 点判断：

（1）不论是违背 WTO 农业规则还是非农业规则，都可以寻求 WTO 贸易争端解决机制的协调和判决。但由于农产品贸易争端的复杂性，农产品争端解决的效率往往比非农产品的要低。

（2）《农业协定》的"和平条款"放松了对各成员农产品补贴的严格通报和审查的原则，使得违规的政策支持难以在日常的通报和审议中被发现，只有受到影响的成员提起上诉才可能受到关注；也意味着一些成员可能会因为 WTO 监督的不严格而冒风险采取不完全真实通报。因为不完全真实通报在未被发现之前，不会对该成员带来任何影响，而被发现后，也会有最短 1 年时间的专家核定和上诉机构核定的过程，使得这些成员能够缓解国内支持政策调整的过程。

（3）WTO给予成员平等和公正的权利，使得贸易小国也可以不畏惧权力，借助WTO的法律支持来维护成员自身的权益，但是否提起上诉仍是在成员间有区别的。如在巴西起诉美国棉花补贴案例中，贝宁、乍得等非洲成员尽管对这一案件很感兴趣，并且赞同巴西的观点，认为美国棉花补贴对非洲棉花生产也产生了实质性损害，但并没有选择上诉。究其原因，可能是由于WTO贸易解决争端的复杂性，这些成员面临着上诉成本过大且收益预期不确定而选择沉默。

（4）WTO争端解决机制将案件判决后，强制执行力较为有限。如在棉花补贴案中的美国，不仅通过再上诉来拖延判决的执行时间，且在最终判决后也未及时调整国内支持政策。这一方面是由于美国国内政策调整的压力过大，另一方面是美国作为贸易大国，面临的被报复的机会及可能的损失较低。

（5）在起诉和赢得一场贸易争端方面，起诉方需要对WTO规则有非常缜密的理解和应用能力，且要非常了解被起诉方的政策制定与实施过程等。当前的国内支持规则尚未清晰地界定各种农业补贴保护政策的属性，这既为起诉方带来了挑战，也提供了机遇。同时，这一政策也自动区别出了有能力向WTO规则和其他成员提出挑战的成员，以及目前尚无能力参与和使用多边规则的成员。

4.5 本章小结

（1）国际贸易规则得以产生的经济学理论主要有3个，分别是优化参与各方的贸易条件、促使一国改善其国内福利和政治格局，以及通过国际规则的存在帮助一国政府实现其对国内部门做出的承诺。对于农业国内支持规则，其主要的目的是改善贸易环境，促进自由贸易。

（2）国内支持规则对WTO初始成员和新成员的约束纪律不

同，缺乏公平性，会成为日后受到挑战的一个方面。总体来看，该纪律使得初始发达成员获得了最大的可用约束空间，即初始成员地位为其带来了超过其他成员的利益；而初始发展中成员并未因其初始身份而获得额外利益。新成员可用的约束空间相对有限，且缺乏灵活性。

（3）由于约束空间和实际支持水平是两个变量，现有的规则尚未实质性起到对高补贴成员的约束，唯一值得认可的是引导了高补贴成员的政策调整方向。处于经济快速发展中的发展中成员，可用的约束空间较小，且其农业政策正处于由征税到补贴的转型过程中，如巴西和印度等，现有规则对这些成员将形成实质性约束。

（4）国内支持规则的透明和监督原则的实施是通过各成员向WTO通报来实现。从通报的进度来看，2008年之前，所有成员的通报都不够积极，2008年之后，主要贸易大国基本可以按照规则的要求，及时通报；大部分发展中成员的通报进度仍然难以保证。从对通报的审议机制来看，规则赋予了每个成员平等地审议其他成员的权利，并在现实中得到了较为有力的执行。但仍存在两个问题，一是由于规则对通报的质量没有具体要求，使得一些成员通报的资料不够细致和充分，而且可能利用审议的不严格特点来故意规避《农业协定》规则，导致审议中的问题重复以及效率降低，也导致通报对实际国内支持政策的约束效率下降；二是贸易小国在参与审议方面积极性和主动性不足，仍是由主要贸易大国来带领。

（5）国内支持规则的强制执行力是与WTO的贸易争端解决机构联合实现的，尽管解决问题的程序已经标准化，但是实际解决效果并不理想，无法与非农产品方面的贸易争端解决效果相比。国内支持规则制定了违反时的惩罚措施，允许采取报复措施，相当于规则允许了重复博弈，保障了规则的效率。但从贸易争端的实际处理结果来看，农产品国内支持规则方面的争端更多地没有得到WTO的完整调查和处理，也有一些违规的被惩罚成员拖延执行惩罚措施。

5 国内支持规则调整的
若干问题分析

在对国内支持规则的作用原理和约束效果进行分析后，有必要进一步就如何调整规则展开研究。一项完美、令各国均满意的国际规则是不存在的。本章将以客观的态度，从经济学和管理效率等角度提出国内支持规则可以调整的方向。首先，分析 AMS 指标的理论依据及合理性，与其他测度市场扭曲的指标进行对比，讨论测算过程中存在的争论点及可改进之处；其次，就国内支持规则在政策归类与转箱标准方面进一步指标明确化展开讨论；第三，梳理最新 WTO 农业谈判成果中在国内支持规则上的例外条款；第四，以粮食安全问题为例，探讨现有国内支持规则在协调解决贸易冲突和成因利益差异方面的特点。

5.1 市场扭曲测度指标的改进

在比较已有的指标之前，需要先回顾测算政策干预市场程度的标准公式，即名义保护率（Nominal Rate of Protection，NRP）和有效保护率（Effective Rate of Protection，ERP）（表 5-1）。NRP 最早被用来测度征收进口关税后，含关税的国内价格（P_d）比国际价格（P_w）高的幅度。后来学者又把它推广到因其他政策干预导致价格扭曲的情况，延续并使得 NRP 的核心思想得到了发扬和扩大。国内补贴和价格支持政策就算其中之一。ERP 则进一步，测算的是有干预时产品增值比没有干预时产品增值的增加幅度。增值是由最终产品（m）的价值（V_m）减去初级产品（a）的价值（V_a）得到。计算公式为：

$$\mathrm{NRP}=(P_\mathrm{d}-P_\mathrm{w})/P_\mathrm{w}\times100\%=t \tag{5-1}$$

$$\mathrm{ERP}=[(V_\mathrm{m}^t-V_\mathrm{a}^t)-(V_\mathrm{m}-V_\mathrm{a})]/(V_\mathrm{m}-V_\mathrm{a})\times100\% \tag{5-2}$$

表 5-1　生产者支持水平测算指标对比

名　称	定　义	评　价
名义保护率(NRP) Nominal Rate of Protection	与无政策相比,某政策所导致单位收益(生产者价格)的变化	最直接,针对关税保护措施非常有效
调整的名义保护率(ANR) Adjusted Nominal Rate	与无政策相比,包括投入补贴的政策实施后,导致的单位净收益的变化	还包括了投入品关税、税收及补贴
有效保护率(ERP) Effective Rate of Protection	与无政策相比,单位产出净变化值(总收入减去投入成本)	当分母很小或为负时,变得不稳定
名义援助率(NRA) Nominal Rate of Assistance	同时包括边境贸易政策及国内收入支持、补贴等政策所带来的收入变化	如果直接支付多,是对调整的名义保护率的改进
有效援助率(ERA) Effective Rate of Assistance	同时包括国内收入支持、补贴等政策后的净收入的变化	当分母很小或为负时,变得不稳定
生产者支持估计量(PSE) Producer Subsidy Equivalent	补贴政策给农民的净收入等值	通过清楚的格式,将补贴和转移支付的收入合并

资料来源：Timothy 和 Josling（2004）. Agricultural Policy Indicators. FAO Working Paper.

5.1.1　指标对比

目前，国际上比较流行的测度农产品政策对市场干预或者扭曲程度的指标有 4 类，分别为 WTO 国内支持指标、OECD 的生产者支持估计量（PSE）和世界银行构建的两类指标（NRA 和 TRI，参见表 5-1 和表 5-2）。其中，WTO 和 OECD 的数据是目前国际上最普遍的基础数据和绝对数据，世界银行的 NRA 和 TRI 多是根据 WTO 和 OECD 提供的数据，测算了扭曲程度，为相对数据。本小节主要对比了这些指标的构成及要点。

5.1.1.1　OECD 指标

生产者支持估计量最早是由 FAO 使用，测算了 6 个国家（经

济体）、6 种产品①在 1968—1985 年的生产者支持估计量
(Timothy 和 Josling，2004）。为了监测成员国农业政策变化，
OECD 在 20 世纪 80 年代中期开发出了以 PSE 为核心的农业政策
扭曲程度测度指标，并不断加以修改和完善。其基本思路是将与农
业国内支持政策相关的支持总量分为 3 个类别：生产者支持估计
量、消费者支持估计量和一般服务支持估计量。

生产者支持估计量（PSE），测算的是从消费者或者纳税人
转移到农业生产者的年度货币价值的总支付，是以产地价格为
标准计算的。这些被测算的政策一般会影响农业产出或农民收
入。消费者支持估计量（CSE）是每年转移给农产品消费者或
从消费者转移出来的支持水平，这些政策实施的本质就是对消
费产生影响。测算的产品既包括对单一产品支持的政策，也包
括对几种商品支持的政策。一般服务支持估计量（GSSE）衡量
由于对农业实施一般服务政策而引起的，针对整个农业部门而
不是针对具体生产者或消费者的财政支持，主要包括农业基础
设施、农业教育、农产品质量控制和食品安全、农业投入及环
境改善、产品营销与促销等政策支持。这 3 项数据相加，得到
总支持估计量（TSE），衡量纳税人和消费者每年提供给农业部
门的所有转移支付的总和。

为便于进行国家间比较，OECD 还提供了每项指标的相对支
持水平，分别为％PSE、％CSE、％GSSE 和％TSE，分别为该项支
持占生产者总支持水平、消费者总支付、农业保护水平或者国家
GDP 的比重。更进一步，由于 PSE、CSE 以及％PSE 和％CSE 等
测算的是实际（相对）支持量，无法直接作为反映保护力度的指
标。为此，OECD 还提供了生产者名义支持系数（PNAC）、生产
者名义保护系数（PNPC）和消费者名义支持（保护）系数等，
PNPC 指标可以直接和世界银行的 NRA 指标相比。

---

① 6 个国家（经济体）分别为美国、澳大利亚、加拿大、日本、欧共体和英国。6
种产品分别为水稻、小麦、大麦、玉米、牛奶和糖。

对于 PSE，OECD 分别按照 3 个度量维度将可能的农业政策考虑在内，第一个维度是按照政策的支持客体，分为按照产量、投入品、种植面积、饲养头数、收入总额、所得收益或非商品标准等分类；第二个维度是按照支付标准的期限要求，分为按照现期支付或者按照历史基期的指标来支付；第三个维度是按照支付标准的绑定限制，分为产量挂钩支付和不与产量挂钩支付（OECD，2008；朱满德，2011）。

OECD 指标覆盖的产品范围也因国家不同而略有差异，不过筛选产品的原则是国际统一的。入选的产品需要满足两个条件，一是所有选定产品的加总产值占农业产值的比重要在 70％以上；二是单个产品产值占农业产值的比重要在 1％以上。这两个条件是为了避免选择的产品不足以代表该国农业的普遍情况，也为了避免选择的某项产品生产种类太少不具有太多测算的价值。计算农业保护水平需要的数据主要包括：①分产品的农产品产量和商品率、需求量、贸易量、饲料用量；②农产品生产价格、国际市场参考价格；③生产各种农产品所需的投入品数量、生产者价格、国际市场参考价格；④支持农业的各项财政支出（宗义湘和李先德，2006；朱满德和程国强，2011）。

5.1.1.2　全球农业扭曲程度指标

2007 年，世界银行发布了世界农业扭曲程度测度指标体系及数据库[①]，并于 2010 年进行了更新。由于是测度农业扭曲程度，因此包括了边境贸易政策和国内支持政策，这一点与 WTO 和 OECD 的指标不同。其测算的核心思路是，边境贸易政策、国内支持政策分别对无扭曲的价格的比例，并将之相加，得到农业和农产品的名义援助率（Norminal Rate of Assistance，NRA），对 NRA 的测算包括 3 类产品，一是对于研究所覆盖的农产品及政策

---

① 世界银行的 "Estimates of Distortions to Agricultural Incentives，1955-2007" 项目。

类型；二是对于所有的贸易农产品；三是对所有的贸易非农产品。有效援助率（Effective Rate of assistance，RRA）测算的是 NRA 的相对扭曲程度。此外，该系统也测算了覆盖的每种产品的消费者税收等值（Consumer Tax Equivalent，CTE）。数据库内涉及的产品加总产值占农业产值的 70％以上，对其他的 30％则通过推断等方法延伸得到了农业总体保护水平。该指标使用到的基础数据包括每种产品的产值、国内生产者价格、如果没有扭曲时的产值和消费值、出口量占产量的比重、自给率、人口数等。所考虑的国家包括 3 类，高收入国家有西欧国家、美国、加拿大、日本、澳大利亚、新西兰；同时覆盖了 3 个发展中国家地区（亚洲、非洲和拉丁美洲）的主要国家。2010 年又增加了 7 个国家，分别是比利时、塞浦路斯、希腊、以色列、卢森堡、马耳他和摩洛哥。到 2013 年为止，共包括了 75 个国家。

5.1.1.3 农业贸易限制（削减）指数

该指标最早由"世界农业扭曲指标"的研究团队作为一项补充数据库提供出来[①]。Kee 等（2009）等进一步将研究扩展，提出了另一组数据用于和 NRA 对照。Anderson 和 Croser（2010）将 Kee 等的研究指标简称为 KNO 指标，将 Anderson 和 Croser 的称为 AC 指标。两组研究在结构和大致数据上都是一致的，都分别测度了 TRI、OTRI 和 MA-TRI、MA-OTRI 4 个指标，前两个指标分别代表一国设置的各类政策导致的其他国家向其出口时面临的贸易限制程度，后两个指标代表该国出口面临的世界其他国家对其的贸易限制程度，统称为贸易限制（削减）指数指标。但两者也有一定的区别，具体见表 5-2。

KNO 指数收集了 78 个国家的数据，该指标主要是基于进口竞争部门的政策扭曲，包括农业部门和非农业部门，使用 HS6 位目产品。AC 指数收集了 75 个国家 1955—2007 年的农业部门数据，

---

① Anderson 等把世界农业扭曲数据库称为核心数据库（Core Database），把农业贸易限制指数数据库称为补充数据库（Supplemental Database）。

分别测算了各个农业产业及农业总体的进口和出口部门的政策，包括发达成员 15 类农产品和发展中成员 9 类农产品，测算依据是名义农业保护率和消费者税收等值。Anderson 和 Croser（2010）对这两个指标进行了详细对比，发现采用 AC 指标测算的瑞士、芬兰、挪威和日本等国家的贸易削减指数显著高于 KNO 指标，这些国家的特点是农业不具有比较优势。而对于农业具有比较优势的美国、澳大利亚和新西兰等国家，AC 指标值又显著低于 KNO 指标值。

表 5-2　两类贸易扭曲测度指标指数的比较

	AC 指标	KNO 指标
指数构成	贸易削减指数（Trade Reduction Indexes，TRI）	贸易限制指数（Trade Restrictive Indexes，TRI）
	总体贸易削减指数（Overall Trade Reduction Indexes，OTRI）	总体贸易限制指数（Overall Trade Restrictive Indexes，OTRI）
	市场准入贸易削减指数（Market Access Trade Reduction Indexes，MA-TRI）	市场准入贸易限制指数（Market Access Trade Restrictive Indexes，MA-TRI）
	市场准入总体贸易限制指数（Market Access Overall Trade Restrictive Indexes，MA-OTRI）	市场准入总体贸易削减指数（Market Access Overall Trade Reduction Indexes，MA-OTRI）
主要区别	覆盖的时序长，不仅关注贸易品，也关注非贸易品；只关注农产品；农业国内支持数据来自其核心数据库；假定不同农产品的进口需求弹性在各国之间相同	数据容易更新，被世界银行更广泛采用；关注了全部经济部门；农业国内支持数据来自 WTO 的国内支持通报；假定的进口需求弹性因国家和产品而异；仅考虑了有贸易的产品；对非关税壁垒也进行了量化

资料来源：Anderson 和 Croser（2010）。经作者整理得到。

5.1.2　产生差异的原因分析

将 WTO 国内支持规则与上述的其他指标相比较，可以拓宽对 WTO 规则的认识视角。对这 4 类指标的对比可以从多方面进行，包括从经济学方面的测算公式、数据来源等，也可以从其政治决策体制方面。已有研究多是从前者入手，本书重点关注后者。将从两方面进行说明。

5.1.2.1 负责机构的特点

WTO、OECD 和世界银行 3 个机构在负责农业扭曲程度测度指标及相关数据时的职责不同。WTO 的国内支持规则是各成员之间博弈和谈判达成，WTO 主要承担监督、协调的职责，任何协定的达成都需要在成员认可的基础上，此外，它还在调解成员争端方面具有更高的权威性和有效性，类似于一个国家的"高级法院"。OECD 以提供基础研究而更为著名，常被称为"智囊团""监督机构""富人俱乐部"或"非学术性大学"，其进行的相关研究及结论不需要各成员认可，只需要每年接受由各成员国家代表组成的委员会和理事会对其工作的审议。世界银行则出于促进贫困地区发展的目的免费提供各类的金融和知识服务，没有权力硬性要求国家采取行动，因此其相关研究主要为基础性的数据问题以及一些对重点问题的展望等。3 个机构具体比较见专栏 5-1，它们职责和定位的差异也决定了其对同一问题（如本书关注的农业政策扭曲问题）的研究视角、方法等方面的差异。

除了这些国际机构的研究，也有一些学者在此方面进行了较为深入的摸索。Jensen 等（2010）指出，不论是 NRP 还是 ERP，测度出来的政策激励偏差都是不准确的，其在 ERP 的基础上，使用了静态一般均衡模型，构建了 GE-ERP（一般均衡下的有效保护率）指数，测算一国的政策激励偏差，并用 GE-ERP 对 15 个发展中国家进行了重新测度，发现结果远好于使用局部均衡模型测算得到的 ERP。由于这一指标的适用性不及其他指标，这里不做深入比对。

专栏 5-1　WTO、OECD 和世界银行的宗旨及职能比较

WTO 的目标和宗旨：建立一个完整的，包括货物、服务、与贸易有关的投资及知识产权等内容的，更具活力、更持久的多边贸易体系，使之可以包括 GATT 贸易自由化的成果和 URAA 多边贸易谈判的所有成果。

WTO 的五大职能：管理职能，负责对各成员的贸易政策和法规进行监督和管理，定期评审，以保证其合法性；组织职能，组织实施其管辖的各项贸易协定，并积极采取各种有效措施，以实现各项协定的既定目标；协调职能，协调其与其他国际组织和机构的关系，以保障世界经济决策的一致性和凝聚力；调节职能，当成员之间发生争执和冲突时，WTO 负责解决；提供职能，为其成员提供处理各项协定有关事务的谈判场所，并向发展中成员提供必要的技术援助以帮助其发展。

OECD 的核心价值*：目标：提供独立的和基于事实的分析和建议；开放：鼓励就至关重要的世界问题进行共享和辩论；勇气：敢于对已有的传统智慧提出自己的想法和挑战；先锋：识别和解决长期内正在出现的挑战；道德：建立信任、诚信和透明度。

世界银行的宗旨：以减少贫困和支持发展为使命，向世界提供两大类服务：金融援助和知识创新。在知识创新方面，一方面通过政策建议、分析研究和技术援助等方式向发展中国家提供支持；另一方面，不断寻求和创造前沿知识，免费提供众多工具、研究和知识，帮助人们应对当今世界面临的发展挑战，包括其"数据银行（Data Bank）"网站免费提供世界各国发展状况的综合性、可下载的指标等。

注：*见 http://www.oecd.org/about/。

资料来源：各机构官方网站。经作者整理得到。

5.1.2.2　指标的形成和更新机制

根据各种国际规则理论，一项国际制度的存在是由其供给和需求两方面的因素共同决定，换言之，能够随着需求及外部环境的变化而进行自我修正和更新的国际规则将更有活力。3 个机构在这方面的体现并不相同。

尽管 WTO 国内支持规则是在数次乌拉圭回合农业谈判中达成，并在多哈回合谈判中被各成员所争议，但 WTO "自下而上"的谈判机制，决定了 WTO 农业委员会的主要职责是监督各成员的农业政策、督促各成员通报、召集谈判会议、记录并汇总谈判观点。国内支持中如何测度支持水平，以及未来的最大支持水平，都是通过《农业协定》来明确规定和约束的。一项规则生效后，就必然通过对成员的各种约束使得成员的利益与之密切相关。加上 WTO 国内支持的数据来自成员主动向 WTO 的通报，意味着这样的通报背后带有一定的政治性，每个成员都希望面临更少的约束，同时虎视其他成员，希望其他成员尽快降低保护水平。这一特性也决定了 WTO 国内支持数据，主要仍被用在了谈判中成员之间互相较劲比对的场合，较少有学者使用 WTO 的数据进行计量分析。

OECD 和世界银行都是作为一个独立的国际机构来展开数据的收集和研究工作。尽管受限于某些国家数据的不易获得性，其部分数据可能来自推测，但其统一性、公平性也是受到国际认可的。表 5-3 列出了 PSE 指标的演变过程，可见其逐渐将指标细化，以适应各国差异巨大的各类政策，包括将政策区分是否与产量挂钩、是否以现期为基础等。

在 2007 版的每一项下，又进行了具体区分，如"B. 基于投入品使用的支付"就包括了 3 类，即对可变投入品的支持、用于固定资本形成的支持和提供的能够降低农民间接成本的服务类支付，如技术、会计、商业和卫生援助等。此外，OECD 还辅助提供了上百页的说明材料来解释和说明 PSE 及 TSE 的构成、测算、注意事项等。世界银行的 NRP 指标体系主要由以 Kym Anderson 为首的团队独立完成，2007 年，其公布了测算的 50 多个国家的 1955—2007 年的农业扭曲程度数据，并在 2011 年进行了数据更新和部分指标的修正。

表 5-3　OECD 的 PSE 指标的演变

1987 版本	1999 版本	2007 版本
A. 市场价格支持 B. 直接支付 C. 降低投入成本的措施 D. 一般服务 E. 其他	A. 市场价格支持 B. 基于产出的支付 C. 基于种植面积/饲养头数的支付 D. 基于历史面积或头数的支付 E. 基于投入品使用的支付 F. 基于投入品限制的支付 G. 其他	A. 基于产品产出的支持（包括价格支持和基于产出的支付） B. 基于投入品使用的支付 C. 限产计划下当期种植面积、饲养头数、收入总额或者所得收益的支付 D. 限产计划下非当期的或历史性的，种植面积、饲养头数、收入总额或所得收益的支付 E. 非限产计划下基于非当期的或历史时期的，种植面积、饲养头数、收入总额或者所得收益的支付 F. 不基于特定产品的支付 G. 其他

资料来源：OECD PSE Manual（2012）. http://www.oecd.org/tad/agricultural-policies/psemanual.htm。

在信息公开方面，3 个机构都做得很好，几乎所有的研究进展、研究成果和基础材料都会在网上公开供公众了解和监督。3 个机构的对比见表 5-4。

表 5-4　三大国际机构在农业扭曲程度衡量指标方面的差异

项　　目	WTO	OECD	世界银行
主要指标	AMS	PSE，PNAC，PNPC	NRA，TRI
机构职责	农业谈判的推动者和维持者、农业政策通报的监督者、各方观点的记录和整合者	指标的设计者、测算的实施者	项目的赞助者
决定机制	自下而上，WTO 农业委员会无权做决定，需要成员投票表决	机构内部负责，无须考虑成员基于利益偏好的调整意见	由研究团队负责
修正机制	成员意见差异持久存在，修改既有指标和方法难度较大；最后结果带有国家（地区）政治利益成分，与其他议题的谈判密切相关	对指标的设计和测算不是基于某个国家立场*，较为客观和公正。会根据实际情况需要和各方的反馈，自己提出修改意见并实施修正	仍由研究团队负责实施；需要国际机构的财政支持；源自使用指标的群体提出的改进意见及数据获得渠道的更新

注：* 当然，不排除 OECD 的部分指标对发展中国家的实际情况考虑仍不周全，导致高估或低估的可能。但可以确定，其基本出发点是较为客观和公平地统计各国的农业政策支持情况。

资料来源：由作者从各机构官网整理得到。

5.1.3　可改进之处

通过与其他指标比较可以看出，当前以 AMS 为主的 WTO 国内支持扭曲程度指标存在两个主要问题，并提出了改进意见。

5.1.3.1　关于固定的外部参考价格

AMS 中价格支持的测算是基于现行政府管理价格与基期外部参考价格之差来计算。假定通货膨胀在大部分的经济转型及发展中成员更为普遍（相对于经济较为稳定的发达成员），那么由于通货膨胀引致的农产品价格上涨，也会使得政府管理价格相应上涨。在此种情况下，外部参考价格则固定不变，AMS 必然会随着政府管理价格的增加而增加，即使实际上政府管理价格与市场价格相差甚微（意味着实际扭曲程度很低）。这一问题早已在 de Gorter 和 Ingco（2003）及 Zhicheng（2008）等的研究中提及。

举例来说明，市场价格测算公式如式（5-3）所示。d 表示国内政府干预，w 表示国际市场的未干预情况，t 表示当期，0 表示基期。假设对于 X 国的小麦产品，其 P_{w0}＝1 000 元/吨，当时 P_{d0}＝800 元/吨，0 期的小麦价格支持水平为负。T 年后，小麦国内市场价格为 P_{dt}＝1 500 元/吨。此时，政府实施的干预价格可能超过市场价格（对于那些有财力对农业实施类似最低收购价的国家），也可能低于市场价格（对于某些仍在将资源从农业转移到工业的国家）。为此，分别假定 P_{dt}^1＝1 600 元/吨，P_{dt}^2＝1 400 元/吨。假设政府用干预价格收购的小麦数量为 1 000 吨。那么在 AMS 测算中的特定产品价格支持水平（MPS）可根据式（5-3）：

$$\text{MPS}＝(P_{dt}-P_{w0})\times Q_{dt} \tag{5-3}$$

计算出该国：

$$\text{MPS}^{(1)}＝(1\ 600-1\ 000)\times 1\ 000＝600\ 000\ \text{元}$$

$$\text{MPS}^{(2)}＝(1\ 400-1\ 000)\times 1\ 000＝400\ 000\ \text{元}$$

但实际上，按照式（5-1）的测算 t 期政府管理价格与市场价格差的方法计算得到的政府干预水平是 ±100 000 元，与 MPS 结果相差较大。这就是使用固定价格测算结果的扭曲性。Zhicheng（2008）对比了采用实际外部参考价格和采用固定外部参考价格测算得到的中国农产品价格支持水平的区别。结果发现，如果采用实际外部参考价格，中国 2002 和 2003 年的价格支持水平为正值，采用固定外部参考价格得到的却是负值。

有鉴于此，作者提出，AMS 在未来的改革中，可以考虑对固定的外部参考价格制度进行改革（郭丽楠等，2018）。这一点美国在多哈回合谈判 2008 年《农业模式草案》中已经有体现，美国要求对于之前没有约束承诺的产品，允许以 1996—2000 年为基期设定外部参考价格，即改变基期。

5.1.3.2　关于收购量指标

当前，对于 MPS 测算使用的数量应该是全部产量还是有资格获得补贴的数量，各成员之间尚存争议，WTO 农业委员会也未给出合理答案。继续以上文假设为例，假设该国 t 年小麦的总产量为 1 万吨。那么如果以有效获得管理价格的数量（1 000 吨）来计算和以当年产量（1 万吨）来计算得到的支持水平将相差很多。

在未来改革中，AMS 可以同时调整固定外部参考价格和明确可用收购量，也可对这两者中的任一项先行调整。无论调整哪一项，都将是对指标的改进。

5.2　政策属性与转箱标准的明确化

国内支持规则发挥作用首要要判断一项政策的属性，判断哪些属于黄箱、哪些属于绿箱和蓝箱。但具体如何分类，规则并未给出特别详细的说明，也没有充分考虑到各种不同类型成员政策属性的本质差异等。

5.2.1　判定政策属性的依据

《农业协定》判断是否为绿箱的依据，就是该项政策能否在绿箱的 13 类政策中找到符合该成员政策的条款，如果找不到，而该项政策又对农业生产或农民收入有显著的影响，就需要放入黄箱或者蓝箱（《农业协定》附件 2）。

对黄箱政策的判定依据是，是否有利于农业生产者且不属于绿箱。如果有利于生产者，又无法归入绿箱，就需要计入黄箱（《农业协定》条款 6.1）。在此基础上，各成员要面临微量允许约束或削减（《农业协定》条款 6.3 和 6.4）。但对发展中成员有一定的例外，如果发展中成员能够证实该项政策在其国内为必需，且为解决贫困农民或为普遍获得等情况，就免于削减（《农业协定》条款 6.2）。还有一些政策属于蓝箱，这些政策主要是为那些农业发达成员所提供的例外，即如果能证明所提供的支持是依据历史时期的面积、牲畜头数等数据，而非当期的数据，则仅需要把这些政策通报给 WTO，但不需要对这些政策的支持水平做出约束或者削减（《农业协定》条款 6.5）。

5.2.2 澄清绿箱政策范围

《农业协定》所设定的绿箱政策范围较为广泛，涉及一般服务、粮食安全所需公共储备、国内粮食援助、对生产者的直接支付等许多政策，这些政策的目标各不相同，实际效果和作用各异。存在的问题主要有以下 3 点。

（1）由于缺乏对绿箱更为明确的定义，一些直接支付类的绿箱措施具有较明显的生产和贸易扭曲作用。有些政策看起来似乎对贸易只有较小的扭曲作用，但在绿箱支持金额很大、农业生产相对集中和专业化水平较高的情况下，其贸易扭曲作用相当大。甚至一些成员还将绿箱当作缓冲 WTO 约束的避难所，将一些黄箱政策的名义调整、实质不变，归入绿箱，以规避削减义务。例如巴西起诉美国棉花国内补贴就存在不符合绿箱标准的绿箱措施（表 4-5）。

（2）绿箱通报不透明。部分成员依仗其他成员对其政策的了解程度有限，巧妙设置了绿箱政策，使其可能与黄箱等政策一起绑定来共同起到扭曲贸易的效果。

（3）政策的设置没有充分考虑发展中成员的实际情况，不适宜或者无法为发展中成员充分利用。《农业协定》规定的 13 种绿箱条款涉及的政策可以分为两大类：一类是政府服务、为粮食安全目的的公共储备以及国内粮食援助（《农业协定》附件 2 的第 2～4 条）；另一类是对生产者的直接支付（《农业协定》附件 2 的第 5～13 条）。根据速水佑次郎等的经济发展阶段与农业保护的理论，可知当前由于经济刚刚起步，发展中成员对农业的补贴也是才开始（甚至从减免农业税开始），限于政策实施经验、财力以及对问题本身的认识等约束，发展中成员主要在使用的是第一类措施，较少使用生产者直接支付；即使偶尔使用，其操作标准也不易用现有的《农业协定》条款来约束。

例如，《农业协定》附件 2 的第 3 和第 4 条分别带了脚注 5 和 6，脚注 5 强调的是，发展中成员用于粮食安全目的的粮食储备，必须是要按照市场价格收购这些粮食，如果是按照某种补贴或者受到干预的价格收购则应该计入黄箱。对此，2005—2006 年的 G20 提案要求对此有例外，强调发展中成员的农户都为小农户，贫困和生计型农户居多，需要有一定的粮食价格政策来保障其最低收入，而政府在公共储备时的收购价格可能是有补贴的价格，但该价格对农民生产的扭曲作用有限，因此，希望对此脚注提出例外，或者希望发达成员更多地考虑发展中成员的实际情况。

对于绿箱存在的这些问题，多哈回合启动之初就承认并将多哈回合农业谈判的国内支持目标之一定位为澄清绿箱标准、使绿箱使用更加规范和透明化。2004 年《框架协议》规定，对绿箱条款进行审议和澄清，体现了发达成员与发展中成员的妥协，即一方面接受了广大发展中成员严格绿箱标准的要求，以保证绿箱条款真正为绿色的主张；另一方面规定这种审议和澄清要保持绿箱的基本概念、原则和效力不变，实际上采纳了发达成员要求维持现有绿箱条款涉及政策安排的主张。在谈判中，美国、欧盟和日本等发达成员都主张维持现有绿箱条款涉及的政策安排，欧盟和日本不同意对绿箱支持水平设立上限，并主张放宽直接支付类绿箱标准。多数发展中成员以及澳大利亚、加拿大等发达成员则主张严格绿箱标准，将有扭曲作用的直接支付等绿箱转入黄箱，并对绿箱支持水平进行封顶约束。

5.2.3 转箱问题分析

转箱问题指的是，当一成员为了避免其黄箱政策支持水平面临或者突破 WTO 的上限约束，而根据 WTO 规则来对政策进行局部调整，如将根据当年种植面积改为根据历史种植面积等，以使原有政策内容及支持水平并不取消，但通过将该项政策归入蓝箱，而规避 WTO 规则的约束。乌拉圭回合《农业协定》中蓝箱的主要标准就是限产，即按种植面积、基期产值的一定比例或按牲畜头数给予的一种补贴。2008 年的《农业模式草案》增加了一种新的蓝箱支付方式，该支持不与产量挂钩，是按照固定和不变的产量、基期值的一定比例或根据牲畜头数给予的。

蓝箱是乌拉圭回合中两大主要谈判方美国、欧盟相互妥协的产物。当前只有欧盟、日本等少数几个发达成员使用过或正在使用蓝箱，大部分发展中成员基本上都没有使用蓝箱。表 5-5 汇总了自 1995 年 WTO 成立以来，使用过蓝箱的成员，其中捷克、爱沙尼亚、斯洛伐克和斯洛文尼亚 4 个国家是为了加入欧盟而调整政策使用的蓝箱，自其 2003 年加入欧盟后，所用的蓝箱统一计算在欧盟的蓝箱通报中。发展中成员没有使用蓝箱的原因有 3 个，一是政策执行水平有限，完全符合蓝箱标准的政策操作具有一定难度；二是限制产量的措施在发展中成员几乎不存在，所以说这一条款并不适用于发展中成员；三是当前发展中成员的黄箱的微量允许水平尚未被突破，发展中成员还没有使用蓝箱的需求。

虽然从理论上看蓝箱的扭曲程度小于黄箱，但其仍对市场有扭曲，且政策效果取决于该成员的政策执行力。因此，如何监督个别成员的黄箱转蓝箱，以免蓝箱成为黄箱的暂时避风港，是 WTO 农业谈判中的一大难题。

表 5-5　WTO 成员蓝箱使用情况

使用蓝箱的成员	货币单位	使用时间	最高/低支持水平	备　注
克罗地亚	千欧元	2001—2005 年	161/121	2013 年加入欧盟
捷克	百万捷克克朗	2001—2003 年	962/613	2003 年加入欧盟
爱沙尼亚	百万爱沙尼亚克朗	2000—2003 年	214/191	2003 年加入欧盟
欧盟	百万欧元	1995—2009 年	27 237（2004 年）/ 5 166（2007 年）	
冰岛	百万冰岛克朗	1995 年	1 455	

（续）

使用蓝箱的成员	货币单位	使用时间	最高/低支持水平	备　注
日本	十亿日元	1998—2009 年	93 （2000 年）/22 （2009 年）	
挪威	百万挪威克朗	1995—2011 年	7 880 （1998 年）/ 3 725 （2007 年）	
斯洛伐克	百万斯洛伐克克朗	1995—2003 年	1 120 （2003 年）/ 43 （1995 年）	2003 年加入欧盟
斯洛文尼亚	千欧元	2000—2003 年	53 690 （2002 年）/ 24 569 （2000 年）	2003 年加入欧盟
美国	百万美元	1995 年	7 030	

资料来源：WTO 数据库。经作者整理得到。

附录 4 列出了 WTO 主要成员的农业国内支持结构变化情况。从图 5-1 可以看出，目前欧盟使用蓝箱最多，且随着现行 AMS 支持水平的下降，绿箱支持水平快速提高，意味着欧盟通过将黄箱转为绿箱，对农业的总支持水平并没有下降，还有可能上升。美国情况（图 5-2）类似，相比 1995 年，2010 年其绿箱支持水平已经增加 2 倍多，非特定产品支持也呈增长趋势。

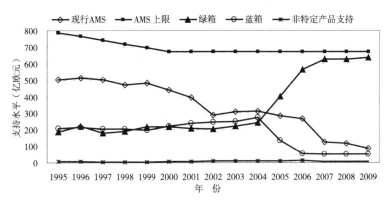

图 5-1　1995—2009 年欧盟农业国内支持结构

数据来源：WTO 数据库。经作者整理得到。

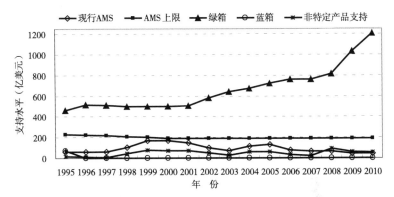

图 5-2　1995—2010 年美国农业国内支持结构

数据来源：WTO 数据库。经作者整理得到。

5.2.4　约束上限的削减

国内支持规则的本质是对成员扭曲贸易的国内支持约束水平、而不是以实际支持水平为基础进行削减，对于实现实质性削减扭曲贸易的国内支持的多哈回合目标，目前依然具有较大的不确定性。由于多数成员，尤其是发达成员扭曲贸易的国内支持实际支持水平远低于约束水平，因此，在约束水平基础上削减扭曲贸易的国内支持仅仅是削减扭曲贸易的国内支持中的水分，并不能真正达到实质性削减的目的。

WTO 的 2008 年《农业模式草案四》中，对如何联合削减黄箱、蓝箱和微量允许水平给出了新的提案，设立了扭曲贸易的支持总量（Overall Trade Distortion Support，OTDS）衡量指标。基础 OTDS 由 3 项之和构成，分别是：乌拉圭回合最终约束总 AMS，是乌拉圭回合成员减让表第四部分中的最终约束总 AMS。微量允许水平，发达成员的微量允许是基期年均农业产值的 10%，其中特定农产品和非特定农产品分别占 5%；发展中成员的微量允许比例为 20%，其中特定农产品和非特定农产品分别占 10%。蓝箱水平或农业产值 5%两者中的较大值，其中蓝箱水平是基期成员向农业委员会通报的平均蓝箱水平。

从规则改进的视角来看，WTO 多哈回合谈判中引进综合支持量的约束限制，将对提高国内支持规则的约束效率产生积极作用。

5.3 考虑成员差异的特殊待遇

在乌拉圭回合达成的《农业协定》中，国内支持规则的特殊与差别待遇主要体现在给予发展中成员更长的削减时限、更低的削减比重以及政策归类方面的适当灵活性等。

本书系统梳理了 WTO 2008 年《农业模式草案四》中有关国内支持的条款，发现相比于《农业协定》的条款，其对成员的特殊与差别待遇给予了更多的类型考虑和特殊待遇。体现在 3 点，分别是对美国的特殊待遇、对新成员的差别待遇以及棉花部门的优先自由化倡议。

5.3.1 对美国的特殊待遇

《农业模式草案四》囊括了美国提出的对其自身有利的条款，体现在两点，一是特定产品 AMS 上限的设定；二是特定蓝箱产品上限的设定及基期的确定。具体条款内容为：

（1）美国特定产品 AMS 限制是以 1995—2000 年的年均总特定农产品 AMS 为上限，再按比例分配给各特定产品，分配比例是按照 1995—2004 年其向农业委员会通报的各特定产品年均 AMS 值之比。在前文其他发达成员特定产品 AMS 上限设定方法时，还考虑了特定产品 AMS 与微量允许的关系，这种关系同样适用于美国特定产品 AMS 上限设定方法。

（2）美国使用新蓝箱条款时，对特定产品蓝箱上限要求是：实际平均特定产品蓝箱支持水平的 $110\% \sim 120\%$。平均特定产品蓝箱支持水平计算要点是，将对蓝箱的总限制（1995—2000 年年均农业产值的 2.5%）按特定产品的比例进行分配，该比例由 2002 年美国农业法案对特定产品的最大法定支出比例决定。

从这两则条款可以得出如下启示，即在 WTO 谈判上以提案形式将成员自身利益关注明确表达，是成员在谈判中实现自身利益的一个主要方法和途径。

5.3.2 对新成员的差别待遇

《农业模式草案四》还对新成员群体给予了特殊待遇。具体地包括，最新成员[①]和低收入转型经济体新成员[②]免于削减 OTDS、AMS 和微量允许水平，并且其投资补贴中农业得到的部分、农业投入补贴、降低融资成本的利息补贴以及包含债务支付的经费可以不计入其当前总 AMS 中。

其他有最终约束总 AMS（指在加入 WTO 时，其实际 AMS 已经超过了约束上限，所以需要逐年削减其加入时候的最终约束总 AMS）的新成员，其基础 OTDS 的削减和最终约束总 AMS 的削减同发展中成员相应的削减幅度和实施办法，并且对于已经存在 5％的微量允许水平的，对微量允许的削减幅度应是发达成员的 1/3，实施期在 5 年以上。

新成员的总体蓝箱限制不能超过基期（1995—2000 年或 1995—2004 年）平均农业产值的 5％。如果存在从 AMS 向蓝箱支持的转移，则该新成员有权利选择最近可获得相关数据的 5 年作为其基期。

5.3.3 棉花的优先自由化

在倡导部门自由化的呼吁逐渐强烈的情况下，《农业模式草案四》把棉花的自由化问题单独在文件中列明，希望先行通过棉花部门的自由化方案，作为国内支持规则的早期成果。对于棉花的国内支持，制定了详细的削减公式和适用条件。公式为：

$$Rc = Rg + (100 - Rg) \times 100/3Rg$$

式中，Rc 表示适用于棉花的特定削减比例，Rg 表示针对其他特定产品的 AMS 削减比例。

---

① 包括沙特阿拉伯、马其顿、越南和乌克兰。
② 包括阿尔巴尼亚、亚美尼亚、格鲁吉亚、吉尔吉斯斯坦和摩尔多瓦。

对于发达成员，棉花支持基础水平等于成员在 1995—2000 年减让表（向 WTO 做的国内支持通报中的表 4，即 DS4）支持表中通报的棉花的算术平均国内支持。适用于棉花的蓝箱约束上限将等于该成员一般产品蓝箱特定产品封顶水平的 1/3。对棉花扭曲贸易国内支持的削减的实施期将是一般产品对应实施期的 1/3。

对于发展中成员，棉花的相关 AMS 限制和蓝箱限制的设定方法同以上其他特定产品的设定方法，其削减幅度是按上述发达成员棉花国内支持削减比例的 2/3。发展中成员对其棉花减让承诺的实施期将比发达成员更长。

目前，形成对这 3 类国内支持规则上的例外，均是相关利益集团不断地在 WTO 谈判中呼吁和游说的结果。此外，这 3 类例外也代表了一种趋势，即国内支持规则的改革方向将是更加细化和给予更多例外。预计随着农业国内支持谈判方面经验的不断积累，会有更多考虑成员异质性和特殊性的例外规则出现。例如粮食安全问题，该问题目前尚未被《农业模式草案四》正式纳入值得所有成员共议的位置，仍处于少数成员就此议题不断提交提案的阶段。

5.4 粮食安全问题面对的成员利益协调

自多哈回合谈判开始起，对粮食安全的关注就成为农业谈判的一个争议点和难点，不同成员对其重要性和应有的国际规则的认识和诉求不同。首先，是否有必要强调就粮食安全的保护，就在成员间存在着差异。仅有的一致性结论是，对于粮食安全，应该采取复合型方式来实现，包括贸易、国家收储、国内生产支持等。但至于究竟应该以哪种方式为主，没有统一意见，如专栏 5-3 所述。2013 年 2 月，印度、巴西联合中国，代表 G20 向 WTO 提交了一项提案，要求把政府用于粮食安全的支付都放入绿箱，印度在该项提案的表现尤为积极。论其原因，印度在 2011 年出台了《国家食品安全法案》（National Food Security Bill），国内支持政策的变革产生了对规则重新认识和质疑的需求。

专栏 5-2　WTO 成员对粮食安全议题的不同诉求

主要出口成员：推崇将自由化和市场导向作为主流方法来解决。

主要进口成员，及一些已从持续地对粮食产业的保护和支持中获益的发达成员：关注当市场失灵以及特殊情况出现时（如极端气候）是否有必要保护。

部分欧盟国家：对于涉及粮食安全的产业，实现逐渐贸易自由化。

部分发展中成员：需要对粮食生产保护，理由一是发达成员已经实施了强力保护，且尚未完全取消这些保护；二是缺少外汇用于进口粮食；三是需要支持小规模生计型农民；四是劳动密集型或内销型农业难以与发达成员农业竞争。

另外一部分成员：建议将粮食安全及提供小农户收入等问题看作长期问题，不应当与正在进行的短期谈判议题相混淆；在短期，各成员应该支持马拉喀什决定，对于最不发达成员和粮食净进口成员，通过粮食援助解决粮食安全问题，对于其他成员，则没有必要特殊关注这一问题。

资料来源：WTO 网站。

5.4.1　解决粮食安全问题的不同观点

截至 2012 年，被 WTO 确认为粮食净进口成员共有 31 个，其中包括秘鲁、埃及、肯尼亚、牙买加、多尼米加和斯里兰卡等[①]。WTO 一直认为，通过贸易自由化可以解决全球的粮食安全问题。WTO 总干事拉米（2011）在欧洲农业经济学家协会上的发言强调了粮食安全依靠贸易得以保障的可能性和必要性。"……很明显，所有的农业政策制定者都希望本国的农业系统能够提供足够和安全的食物、饲料及纤维……但从国际视角，我们强调的是世界经济一体化可以为这些目的提供哪些帮助和服务……还需要强调的是，农业资源禀赋是历史决定的，有的国家天生拥有丰富的水、土地等资源，有的国家则很匮乏，这是要素禀赋理论的基础，由此需要全球化整合农业资源，在最适合农业生产的地方生产……从系统的角度来看，产品进口的背后意味着要素和资源的进口……对于农业这一

---

①　WTO 文件 G/AG/5/Rev. 10。

特性，WTO 已经对农业国际贸易政策实施了很多例外，包括出口补贴、关税削减等各个方面……另外，没有任何农业贸易政策存在于真空中，对于粮食安全问题，国内的土地管理、水资源管理、国家储备、能源、交通和分配网络等政策都是影响国际粮食安全的因素，最终贸易将仅仅发挥简单的供需传送带的功能……很多人把2008 年农产品价格上涨的部分原因归罪于国际贸易。其实，国际农产品价格上涨并不是因为贸易自由化导致，而是因为不够贸易自由化导致。因为当前农产品贸易额仅占世界产量的不足 25%，如果有进一步的农产品贸易自由化，国际价格波动的频率和幅度才有可能减少。"

尽管 WTO 一直强调粮食安全可以依靠自由化的国际市场来保障，其他的机构或政府则并不完全认同。联合国负责人文发展的机构，强调各成员应该限制其依靠国际市场来追求本国粮食安全，对于此问题，WTO 前总干事拉米也曾多次和其他机构的负责人辩论。应 G20 要求，FAO、OECD、WTO 等多家国际机构研究了如何在不扭曲市场的情况下，解决粮食价格波动性问题。报告的核心观点是，应该依靠国际市场来解决部分粮食净进口国的粮食安全问题，并且阐述了自 2008 年国际金融危机之后国际市场及国际组织在保障降低国际粮食价格波动和建立粮食信息系统方面所做的令人信服的努力。对于 2008 年的粮价高企，国际机构公认原因之一是缺乏国际信息的透明性和一致性。于是建立了农业市场信息系统（Agricultural Market Information System，AMIS），以及政策应急响应论坛（Rapid Response Forum），以在国际价格高企的时候，提供政策建议，并认为贸易是解决粮食安全问题的主要策略之一。"世界很多国家是有粮食增产潜力的，但不意味着每个国家都应当提倡完全自给，这样会带来额外沉重的成本和代价"（FAO 等，2010）。

当然，一些国际机构自身的职能发育也并不完全，在 2008 年粮价高企时，世界粮食计划署为保障粮食短缺国家的供给甚至也发动了其他非政府组织（NGO）捐款，并且认为粮价高企将成为常态。当然，造成国际机构甚至各国对当时粮价上涨情况认识不准确的原因之一是信息不够完全（FAO 等，2010）。因此，FAO 等（2010）提出，解决粮价波动问题的长期方法是提高生产力和发展中国家的恢复力，可用的手段包括对农业科研的直接投资，保证农户与市场有效连接的措施，对教育、妇女就业、水资源供给等方面的投资。

除了国际机构，对国际市场的不信任也是导致各国更加重视粮食安全的主要原因。面对 2008 年的粮食价格大幅波动，各国都采取了应急措施，发达国家主要是依靠其已有的收入安全网计划等，发展中国家则新增一些政策工具。FAO 调研了 81 个发展中国家，发现 43 个国家削减了进口关税，25 个国家要么禁止出口要么增设了出口关税，也有国家对国内粮食价格的上涨设置了各种补贴政策，或者以高价进口。仍以 WTO 前总干事拉米的讲话内容作为例证，"…… 我难以忘记一次和也门贸易部长的谈话，他抱怨 2008 年粮价危机时各国'眼睁睁看着邻居挨饿'的出口限制政策，也门那次就面临着食物短缺；还有沙特阿拉伯，鉴于 2008 年粮食危机，沙特阿拉伯开始扶持小麦种植，为的是提高自给率……"。根据《农业协定》条款，WTO 发达成员若想实施粮食产品的出口限制或禁止，需要充分考虑净进口成员的粮食安全问题。但在《农业协定》生效 13 年之际，大部分的 WTO 成员仍然是违背了这一规定（FAO 等，2010）。有学者认为，《农业协定》未对出口补贴和禁止水平设定像关税一样的上限，这种不对称性导致了成员对国际市场的不信任。David Dawe 在《印度尼西亚能够信任世界市场么》一文中指出，印度尼西亚在可预见的未来都自知将是水稻净进口国，因为其是岛国，缺少适合种植的耕地和水资源，但印度尼西亚政府并不希望完全依靠国际市场，原因有两个，一是其他国家的贸易政策已经对国际价格造成严重扭曲；二是担心国际市场的价格波动。同时还强调，现在世界稻米价格远比 20 世纪 70 年代时稳定，因此不可以完全以 70 年代的经验把握当前的时局。

总体来看，信息预警系统等的建设的确会增强国际粮食信息的透明度进而降低国际市场的价格波动，但是粮食净进口国对国际粮食供给保障能力的忧虑不会轻易去除。

5.4.2 国内支持规则面临的挑战

（1）对于粮食净进口成员来说，国内支持规则对其约束可以从两方面来考虑。首先是绿箱政策。绿箱条款中，允许用于粮食安全目的的国家储备。但此类收储需要按照市场价格进行，即使是发展中成员也如此。总体来看，乌拉圭回合中达成的《农业协定》对发展中成员实施提高粮食安全水平的政策并未实施特别多限制，而且WTO的有些政策可能为发展中成员提供更多的弹性和空间（Ron，2010），但同时，《农业协定》对发达成员的政策也缺乏有效约束，很多研究表明，如果发达成员削减其对农业的保护水平，大部分发展中成员的农业生产会扩大，农民收入也会相应提高。

对于黄箱政策，当前的规则则对粮食净进口成员形成了较大的约束。体现在，当前的粮食净进口成员多处于刚刚取消（或仍处于）对农业征税的阶段，对粮食市场的干预更多的是以维护国内粮价稳定为目的，生产者可获得的有效实际支持非常有限。但粮食市场价格干预需要被计入黄箱，限制了这些成员的可用政策空间和范围。对于最不发达成员来说，其对粮食产业发展的扶持仍是非常必需和基础的。

（2）对于粮食主要出口成员来说，其粮食贸易量占粮食产量及农产品贸易量的比重都较高。界定粮食范围为小麦、玉米和水稻，图5-3显示，阿根廷粮食出口量占产量的50％以上，巴西粮食出口近年上涨迅速，2010年粮食出口量占产量的比重已接近20％，美国粮食出口量占产量的20％以上。可以看出，粮食主要出口成员在国际粮食安全问题方面，将与主要进口成员持完全不同的态度，必然会支持能促使其粮食更多出口的国内支持规则，而反对将粮食安全问题作为国内支持规则的一个例外。

由此看来，国内支持规则在解决粮食安全问题方面面临一个矛盾，即农业欠发达成员提高粮食生产力的需求与依靠国际市场保

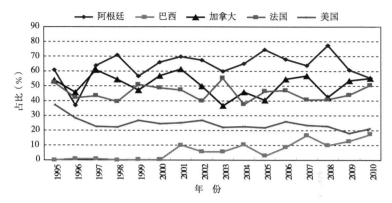

图 5-3　1995—2010 年粮食主要出口成员粮食出口量占产量的比重

障全球粮食安全之间的矛盾。其本质涉及 4 个方面，一是粮食安全
应该依靠国际市场还是依靠成员自身供应；二是国际规则面临突发
情况的应对和管理能力；三是在对国际规则信任不足的情况下，如
何解决成员依靠自身市场的需求和提高信任度的问题；四是，不同
成员之间农业发展水平不同，发达成员曾经依靠高保护实现粮食生
产力的提高，对于有生产潜力的发展中成员，是否可以据此获得一
定的保护粮食产业的支持空间。

5.5　本章小结

（1）在测算农业保护水平和扭曲程度的指标方面，相比于
OECD 和世界银行的指标，WTO 的国内支持指标（AMS、蓝箱、
绿箱等）较为粗糙，不够灵活，且难以快速地修正或者调整。这一
特点是由 WTO 作为国际贸易协调和管理机构的定位所决定的，且
其指标主要是为了监督和削减成员的支持水平而使用，其他用途较
少；OECD 和世界银行的指标则相对灵活，能够根据需要进行快
速的自我修正和更新，政治成分少。

（2）WTO 国内支持规则判定政策属性的依据主要是定性描
述，没有定量的要求，在实际操作中给成员留下了较大的自我处理

空间，如把具有扭曲作用的政策归入绿箱、将政策略微调整转入蓝箱等。

（3）以粮食安全为例，察看了国内支持规则对农业发展和贸易促进之间关系的把握与平衡，发现在理论上，WTO 强调自由公平的国际贸易可以起到在全球范围内资源重新配置、提高粮食净进口成员的粮食安全水平是正确的，而且实际上 WTO 正在联合 FAO、OECD 等国际机构就整合与公开全球粮食信息预警系统而努力；但由历史危机带来的持续担忧、对国际市场的不信任等因素仍是单个成员（尤其是粮食生产力还有待进一步提高的发展中成员）决定其国内支持政策的主要因素。如果能以发展的眼光来调整国内支持规则，将有助于提高规则的认可度和效率。

（4）国内支持规则并不是单独存在的，尽管存在一些问题，但其最终必然是和其他规则一起被成员接受，意味着依靠修正国内支持规则来满足所有成员的利益诉求比较难，最后必然会有一些成员在国内支持方面放弃一些利益，以追求能够使自己的诉求得到体现的其他议题方面。

6 国内支持规则下中国农业政策归类研究

在分析了国际规则的作用原理及总结了国际经验和规律的基础上,本章及下一章考察国内支持规则对中国形成的约束,及应用到中国时面临的问题。本章主要从4方面开展研究,首先是梳理中国农业政策体系和国内支持规则对中国形成的约束;其次将中国现有的主要支农政策与国内支持规则对接,探讨中国农业政策归类面临的问题;第三讨论中国农业国内支持水平测算中的问题;第四从实现中国谈判利益和农业发展目标的角度,讨论对中国农业政策调整的思考。

6.1 中国农业政策体系及面临的规则约束

6.1.1 中国农业国内支持政策体系

在对农业进行补贴和支持的道路上,中国起步较晚,但进步较快,目前已经形成了包括不挂钩直接补贴、生产资料补贴、购买农业机械补贴、最低价格支持、技术及科技推广补贴、市场营销补贴等一系列支持政策。按照不同的划分标准,中国的补贴政策可以有不同的分类方法。根据补贴方式,可以分为直接补贴政策和差价补贴政策。根据补贴标准,可以分为固定历史基期补贴政策和根据当年实际数量补贴政策。根据补贴政策产生的影响,可以分为扭曲生产行为的政策和不扭曲生产行为的政策。附录5对中国主要的农业政策进行了归纳分类。

6.1.2 国内支持规则对中国形成的约束

中国属于发展中成员和新成员,可以享有针对新成员和发展中成员的优惠条款。根据《农业模式草案四》，中国 AMS 上限仍为微量允许水平，不需要对 OTDS 和微量允许水平进行削减，可使用的蓝箱总体上限是农业产值的 5%，特定产品蓝箱上限不能超过农业产值的 0.5%，具体的约束要求见表 6-1。

表6-1　2008年《农业模式草案四》国内支持的
主要规定及其对中国的约束

大类指标	项　目	《农业模式草案四》的条款	对中国的约束
OTDS	基础水平	基础 OTDS＝乌拉圭回合实施期末总 AMS 的约束水平＋农业产值的 20%（发达成员）或 10%（发展中成员）＋蓝箱平均支持水平或 5%的农业产值中的较高者	农业产值的 22%
	削减	分层削减公式	不需削减
总 AMS	基础水平	2000 年的最终约束水平	0
	削减	分层削减公式	不需削减
特定产品 AMS	上限	基期平均特定产品上限	微量允许水平
微量允许水平	削减	50%或者 60%	不需削减
蓝箱	总体上限	农业产值的 2.5% 或者 5%	农业产值的 5%
	特定产品蓝箱上限	基期特定产品平均支持水平	所有特定产品蓝箱支持总水平不得超过蓝箱总体上限的 30%；某个特定产品蓝箱不得超过蓝箱总体上限的 10%
棉花	AMS	按照公式削减	不需削减
	蓝箱	普通特定产品蓝箱上限的 1/3	普通特定产品蓝箱上限的 1/3
农业产值	基期	1995—2000 年的平均水平	1996—2001 年的平均水平

资料来源：Tian Zhihong（2009）。

6.2　中国农业政策与国内支持规则的对接及问题分析

作为 WTO 成员之一，中国在向 WTO 做出国内支持情况通报之前，需要首先梳理中国的农业政策，并将其与 WTO 规则对接。即需要判断中国主要农业补贴政策可能具有的箱体属性。这项工作并非易事，需要详细了解 WTO 国内支持规则，并配以资料证实和原因说明。乌拉圭回合《农业协定》中涉及国内支持的条款包括：第 1 条 "术语定义" 中的 （a）～（d），第 6～7 条，附件 2～4。本节将依据这些条款，逐一与中国的农业国内支持政策进行核对，不仅是为测算中国的支持水平做基础工作，也希望通过细致的对接，比较中国农业政策与国内支持规则不匹配之处，换言之，是为了从中国实际情况出发考察现有国内支持规则可能在哪些方面需要改善。

6.2.1　中国补贴类政策与 WTO 规则的对接

尽管 WTO 国内支持规则将成员的农业保护政策按照对市场的扭曲程度进行分类，中国在设计农业政策时却主要从国内政策需求出发，并非完全按照 WTO 框架进行设计。因此，以是否扭曲市场来划分中国农业政策具有难度。此外，由于中国各地区农业条件差异较大，中央政府颁布和实施的政策必须要考虑到各地区执行力的差异，给予地方充分的因地制宜实施的权利，使得同一政策存在多种操作和实施方式。而操作方式是 WTO 规则判定政策属性的关键衡量指标。中国多种操作方式的存在使得同一项政策可能同时具备黄箱和绿箱性质。

为了考察国内支持规则在中国的应用,本书将主要政策与国内支持条款进行了逐条比对,限于篇幅,仅以良种补贴政策为例说明。对种粮直补和农资综合直补政策的梳理及归类依据见附录5。良种补贴政策名义上属于投入品补贴政策，并且由于中国无法使用《农业协定》给发展中成员的发展箱，因此，需要将良种补贴归入黄箱，但这样做可能会夸大中国扭曲贸易的补贴水平。具体体现在以下 4 点：

（1）地域差异导致政策目标与实施方式具有多元性。中央政府出台农作物良种补贴政策的根本目标是鼓励农民使用优良品种，加快优质良种推广步伐。在实施方式上，中央政府给予了地方政府一定灵活性，要求水稻、玉米和油菜良种补贴采取现金直接补贴的方式，实行良种推介、自愿购种、直接发放；而小麦、大豆、棉花的补贴可以采取直接补贴方式，也可以采取差价购买方式进行补贴。在此种情况下，部分省份对小麦、大豆和棉花的补贴直接使用了种粮直补方式，部分省份则要求农户如实申报当年种植面积再给予补贴，也有省份采用售价折扣补贴方式，例如山东采取了售价折扣补贴方式，而江苏省则采取现金直接补贴方式。表 6-2 选择了 5 个省份为代表，来展示地方政府执行政策时的差异。

表 6-2　代表性省份良种补贴发放标准

省份（年份）	补贴作物	补贴方式	补贴分配依据
广西（2009）	水稻、玉米	现金直接补贴	农民申报种植面积
山东（2009）	小麦、棉花	售价折扣补贴	按实际购买量折价销售
	玉米、水稻	现金直接补贴	农民申报种植面积
江苏（2009）	小麦、棉花、玉米、水稻、油菜	现金直接补贴	农民申报种植面积
重庆（2010）	水稻、玉米、小麦	现金直接补贴	农民申报种植面积
吉林（2008）	水稻	现金直接补贴	农民申报种植面积

资料来源：网络资料。经作者整理得到。

（2）政策执行成本过高导致名义和实际实施方式相异。对于名义上声明要依据当年实际种植面积发放良种补贴的地区，丈量和核实户均 5～7 亩[①]耕地分别种植多少受补贴的作物，是项庞大的工程。事权财权不匹配往往使得基层政府不得不简化政策执行程序。例如，基层政府可能会依据往年的农户种植面积向上级申报补贴，但名义上是当年实际种植面积。

---

① 亩为非法定计量单位，1 亩＝1/15 公顷≈667 米^2。

（3）多种执行方式的存在使得中国的良种补贴同时具有黄箱和绿箱性质。如果按照实际种植面积发放，不论是现金直接补贴还是售价折扣补贴，补贴都与农民的实际种植面积挂钩，归于 WTO 的黄箱政策不会引起争议；但是如果采用现金直接补贴方式且不与实际种植面积挂钩，则属于不会对农民产生扭曲的绿箱政策。

（4）从补贴范围和数量来看，补贴的品种范围不断扩大，小麦、水稻等已经覆盖全国，意味着所有种植小麦的农户都可获得补贴。以小麦良种补贴为例，中国对小麦良种补贴是按照价格补贴的，1 亩地补贴 10 元（表 6-3），而不管一亩地小麦用种量和实际成本。由于种粮直补和农资综合直补都是采用一卡通的形式直接发放到农民的银行卡账户中，在实际操作中，很多地方也把良种补贴通过一卡通的形式发给农民。

表 6-3　小麦良种补贴标准

年份	补贴省份	补贴品种	补贴水平（元/亩）	补贴面积（亿亩）	补贴总额（亿元）	总播种面积（亿亩）	补贴面积占总播种面积的比例（%）
2003	河北、河南、山东、江苏、安徽	推广优质强筋和弱筋品种，兼顾优质高中筋和中筋品种	10	0.1	1.00	3.300	3.03
2004			10	0.1	1.00	3.244	3.08
2005	增加山西、湖北、四川、陕西、甘肃、新疆		10	1.0	10.00	3.419	29.25
2006			10	1.0	10.00	3.542	28.23
2007			10	1.0	10.00	3.558	28.11
2008	增加内蒙古、宁夏		10	2.0	20.00	3.543	56.45
2009	全覆盖		10	3.644	36.44	3.644	100
2010			10	3.639	36.39	3.639	100
2011			10	3.641	36.41	3.641	100

注：本表中补贴总额是根据中央良种补贴政策计算得到的补贴额，并非实际补贴额；在实际实施过程中，地方政府可能也会给予小麦良种补贴，使得全国补贴额大于中央补贴额。

资料来源：网络资料。经作者整理得到。

农资综合直补政策的实施也存在同样问题。不同省份发放此项补贴的措施不一，大部分省份按照固定基期种植面积将补贴一次性打入农民的一卡通账户，少数省份会根据当年农民的实际种植面积进行调整。根据 Huang 等（2011）的研究，即便是按照实际面积发放的省份，由于补贴额占农民总收入的比重非常小，对农民生产决策影响的权重也很小。

6.2.2 中国粮食收购价政策的属性

目前，中国对粮食产品的干预措施有两种：最低收购价和临时收储政策。中国水稻最低收购价政策于 2004 年开始实施，2006 年实施小麦最低收购价政策。2008 年以来，国家分批次在玉米、粳稻、大豆、油菜籽主产区开始实施临时收储政策，对东北粳稻也实施了临时收储政策。为了保障市场的稳定，国家启用临时收储政策作为调控玉米、大豆及油菜籽等收购市场的重要手段。相比于最低收购价政策，临时收储政策有两个特点，一是收储的产品属于非口粮、产业链较长的产品，这些产品的市场国际化程度也相对较高；二是收储价格在产品快上市时才确定，目的是保证制定的价格与市场价格较为接近。两者的对比见表 6-4。

表 6-4 中国最低收购价政策与临时收储政策的比较

项 目	最低收购价	临时收储政策
适用产品	水稻、小麦	玉米、粳稻、大豆、油菜籽、稻谷
实施时间	水稻（2004 年，2005 年开始正式有效）、小麦（2005 年）	2008 年
实施方式	限定触发价格，对国家收储补贴，敞开收购	限定收购价，初期规定增幅收购量，后期不限制数量；对国家收储补贴
执行主体	中国储备粮管理集团有限公司（简称中储粮）及地方粮食收购企业收购，中央负责管理费用，竞价拍卖销售	中储粮负责组织；地方粮商收购；引导企业入市收购，政府给企业一定补贴
政策目标	为保证市场供应、保护农民利益，降低市场价格波动	稳定市场价格
实施情况	2005 年启用水稻最低收购价；小麦 2006 年，中国在 6 个小麦产主省份启动了最低收购价小麦执行预案	指定收购价，2008 年分批次设定了收购数量，2009 年不限定收购数量

资料来源：网络资料。经作者整理得到。

将中国的最低收购价政策与其他国家比较，可以发现，其实质就是目标价格支持政策。不同之处主要在于，何时确定目标价格（提前几年、提前 1 年、提前几个月或者在作物收获后）、目标价格与每年市场价格的偏差大小、对哪些产品实施价格支持，以及如何处置过剩产品等。因此，从这一角度来看，中国的最低收购价政策属于扭曲贸易的黄箱政策。

6.3　中国农业国内支持水平及测算问题分析

要按照 WTO 国内支持规则测算中国农业国内支持水平，必须首先解决两个问题，一是对中国的政策属性进行归类和判断；二是获得必要的数据。在中国，尚不存在将这些数据和资料系统公开的来源，需要的数据来源非常广泛。如何测算国内支持水平不是本书的重点，这里使用中国向 WTO 通报的 1999—2008 年的国内支持数据，并解读测算国内支持水平时的关键问题。

6.3.1　中国农业保护水平

中国农业国内支持水平见图 6-1。中国绿箱的增长速度很快，

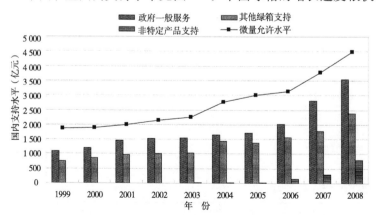

图 6-1　1999—2008 年中国农业国内支持水平

数据来源：WTO 网站。

主要来自政府一般服务和直接支付的增长（表 6-5）。非特定产品支持水平也出现了较快增长。

从中国绿箱支持结构的变化来看，1999 年以来，中国的政府一般服务支持增长最为迅速，其中主要的支出项目为基础设施建设和其他政府服务。对农业的直接支付支出也快速增长，包括用于环境保护的项目、用于自然灾害的支付以及不挂钩收入支持。

表 6-5　1999—2008 年中国绿箱支持结构和水平（亿元）

	1999 年	2000 年	2001 年	2002 年	2003 年	2004 年	2005 年	2006 年	2007 年	2008 年
绿箱总计	1 843	2 079	2 423	2 521	2 580	3 085	3 096	3 565	4 579	5 930
政府一般服务	1 091	1 212	1 450	1 514	1 543	1 656	1 727	2 008	2 802	3 551
研究	26	27	32	47	67	73	60	80	103	126
灾害控制	21	23	24	14	14	23	37	42	87	118
培训服务	4	4	4	5	5	5	4	5	32	37
推广、咨询服务	147	165	192	255	168	211	256	314	245	301
检验检疫服务	16	16	24	25	20	25	29	35	31	38
市场营销服务					8	7	9	9	17	18
基础设施建设	736	818	977	929	862	837	863	925	964	1254
其他政府服务	143	159	197	241	399	476	470	598	1 323	1 660
用于粮食安全公共储备	476	538	597	531	545	421	441	504	542	579
国内粮食援助	26	24	7	4	2	1	1	1	0	1
直接支付	250	305	369	472	490	1 007	927	1053	1 234	1 799
不挂钩收入支持						116	132	142	160	236
用于自然灾害的支付	50	53	60	60	109	93	115	132	207	554
区域结构调整援助	129	125	135	149	164	181	195	220	266	320
用于环境保护的项目	71	127	175	262	216	616	484	558	601	689

注：数据因四舍五入，导致一些合计数据与分项数据之和不一致。

资料来源：中国向 WTO 的国内支持通报文件。

中国的特定产品支持水平在 2007 和 2008 年也出现了较快增长，主要拉动力来自对棉花、水稻和生猪支持的增长（表 6-6）。

表 6-6   1999—2008 年中国特定产品支持水平（亿元）

农产品	1999 年	2000 年	2001 年	2002 年	2003 年	2004 年	2005 年	2006 年	2007 年	2008 年
特定产品支持水平（AMS）	28.5	35.0	17.9	12.8	13.1	41.9	24.5	13.6	114.8	167.6
生猪									24.3	52.3
玉米	−146.1	−98.0	−87.4	−67.6	−44.1	1.7	1.8	3.7	3.7	22.0
水稻	−679.7	−676.6	−469.7	−173.3	−120.8	27.4	−119.5	−84.9	34.6	52.7
小麦	−167.8	−197.0	−221.6	−159.6	−121.3	2.0	10.6	−106.4	−72.3	−65.2
油菜籽							0.1	0.1	10.1	8.9
大豆				0.7	2.8	1.1	1.1	1.1	1.1	4.1
棉花	28.5	35.0	17.9	12.1	10.3	9.7	11.0	8.8	41.0	27.7

资料来源：中国向 WTO 的国内支持通报文件。

6.3.2   中国农业保护水平的趋势及可能面临的约束

根据中国向 WTO 通报的 2002—2008 年的国内支持水平，加上截至目前可获得的最新年度中国农业保护和补贴水平，采用线性外推法估计了未来 6 年中国的国内支持水平，具体预测分析结果见附录 7。具体来看，在现有 WTO 规则下，按照中国以往测算国内支持水平的政策归类方法及数据，中国的大豆、棉花、小麦等特定产品均有可能在未来超出 WTO 规定的8.5％的微量允许水平。

6.3.3   测算中国农业保护水平的关键问题

在中国向 WTO 的通报中，特定产品支持水平（AMS）的测算主要由价格支持和良种补贴组成。对于大部分产品来说，价格支持是 AMS 最主要的构成部分。中国对特定产品的价格支持，从2005 年开始主要来自对小麦和水稻的最低收购价。

6.3.3.1　价格支持的测算

中国粮食最低收购价政策，无论从每年制定一次目标价格，还是不限数量的敞开收购，这两方面都可以确定该政策为有扭曲作用的黄箱补贴政策。但在计算价格支持水平时，仍有一些较为具体的问题需要权衡，例如，如何对小麦不同品种的收购量和收购价进行加工；政府敞开收购的粮食去向，如果以市场价格拍卖出售，则要根据何时出售（是否与市场价格的变化反周期销售）来确定价格支持水平是进一步提高还是降低。

6.3.3.2　投入品补贴的归类

中国的农资综合直补政策名义上属于投入品补贴政策，在通报中被归入了黄箱。但该政策实际对农民的影响与种粮直补的补贴方式相似，较少有根据实际种植面积进行补贴。因此，将所有的良种补贴和农资综合直补计入 WTO 黄箱支持，实际上夸大了中国农业投入品补贴的水平。

6.4　对中国农业政策调整的几点思考

通过分析中国农业政策归类及支持水平测算方面遇到的关键问题，得出了关于中国农业未来政策调整的两点思考。

6.4.1　将国际规则纳入农业政策调整的框架

作为 WTO 成员，中国未来的农业政策调整不得不考虑 WTO 国内支持规则，尤其应当注意 3 点：一是避免将不具有黄箱扭曲效果的政策归入黄箱；二是多样化政策结构，以避免对某些产品的支持超过微量允许上限；三是尽可能根据规则巧妙设置国内支持政策，如使用蓝箱政策。

美国在应用 WTO 规则调整国内支持政策方面的经验较为丰富，专栏 6-1 总结了美国如何设置反周期支付计划，以及如何将国内支持政策与 WTO《农业模式草案四》中的蓝箱条款相一致。当前《农业模式草案四》尚未生效，美国把反周期支付类的政策计入黄箱，一旦《农业模式草案四》生效，美国就可以把反周期支付计划记入新蓝箱，避免进一步削减。

专栏 6-1　美国利用 WTO 规则调整国内支持政策的经验

美国当前使用的反周期支付计划是根据 WTO 新蓝箱条款设定的。具体来看：

（一）国内支持规则对蓝箱的要求

（1）乌拉圭回合《农业协定》中对蓝箱的界定：限产计划下给予的直接支付不在削减国内支持的承诺之列，如果：此类支付根据固定面积和产量给予；或此类支付根据基期产值的 85％或 85％以下给予；或牲畜支付根据固定头数给予。免除符合以上标准的直接支付的削减承诺，应通过将这些直接支付的价值排除在成员现行综合支持总量的计算之外。

（2）WTO《农业模式草案四》对新蓝箱的规定：对于限产计划下的直接支付，如果：此类支付按固定和不变的面积和产量；或此类支付按固定和不变的基期产值的 85％或 85％以下给予；或牲畜支付按固定和不变的头数给予。对于不限定产量的直接支付，支付内容与限产计划下的直接支付相同。依据上述蓝箱标准的最大蓝箱支持额不得超过该成员向农业委员会通报的基期平均农业产值的 2.5％（发展中成员为 5％）。除美国外的其他成员，特定产品蓝箱上限是该产品基期年均蓝箱支持水平。美国特定产品蓝箱上限为实际平均特定产品蓝箱支持水平的 110％～120％。平均特定产品蓝箱支持水平计算要点是，将对蓝箱的总限制（1995—2000 年年均农业产值的 2.5％）按特定产品的比例进行分配，该比例由 2002 年美国农业法案对特定产品的最大法定支出比例决定。

（二）美国的反周期支付计划

美国 2002 年农业法案出台了反周期支付计划。主要内容是，先对主要农产品设定了 5 年内不再调整的目标价格，如小麦 3.92 美元/蒲式耳、玉米 2.63 美元/蒲式耳 * 等；把市场价格和贷款率二者的较高者加上直接补贴，作为有效价格（effective price）。当有效价格低于目标价格时，反周期补贴就起作用；补贴率等于两个价格的差。而且补贴总额要在基期面积的基础上乘以 85％，即，反周期补贴总额＝反周期补贴率×反周期补贴单产×基期面积×85％。

注：1 蒲式耳小麦≈26.31 千克，1 蒲式耳玉米≈25.40 千克。

资料来源：WTO《农业模式草案四》，美国农业部。

中国与美国的农业基本情况相差较大，不能直接照搬美国经验，但美国将多边规则与其国内支持政策相结合的思路值得中国借鉴。

6.4.2 中国设计新蓝箱政策的初步框架

中国目前尚不具有蓝箱性质的农业政策，但未来出台符合WTO规则的蓝箱政策可能是中国的一个选择。因此，本书在对国内支持规则进行详细研究的基础上，参照美国设计反周期支付计划的经验，提出了中国设计蓝箱政策的初步框架。

根据WTO《农业模式草案四》，发展中成员蓝箱总体上限是农业产值的5%，特定产品蓝箱上限不得超过农业产值的0.5%；发展中成员蓝箱农业产值的基期可以用最近5年的数据。

在美国的各种价格支持政策中，目标价格是政府补贴的价格上限，贷款率是补贴的下限，类似中国的最低收购价；价格保护是根据市场价格和目标价格、贷款价格之间的关系而分类的。当市场价格高于贷款率时，以〔（目标价格－市场价格）×历史产量×85%〕补贴，属于蓝箱。当市场价格低于贷款率时，政府以〔（目标价格－市场价格）×历史产量×85%补贴〕，属于蓝箱；再以〔（贷款率－市场价格）×实际产量〕补贴，属于黄箱。意味着，如果国内市场价格走低，美国将同时使用黄箱和蓝箱给予生产者支持，如此操作既可以保证对国内农业的扶持，又避免突破黄箱。

结合中国实际情况，这里讨论的中国新蓝箱政策的政策目标由两部分组成，主要目标是为了避免突破有限的特定产品支持上限，次要目标是为了加强对中国特定产品的保护。如果想要实现这一政策目标，仍需要借助当前中国其他主要粮补政策和价格政策的实施平台以及各级收购、粮储单位等。与当前最低收购价政策的主要区别将体现在目标价格的制定方面，当前最低收购价、目标价格来自当年或者前一年的政府制定，如果实施蓝箱政策，目标价格将基于固定基期的平均价格来制定，并确保实施期间不再变化，如此只有收购量变化，可以同样起到保障农民最低收入的效果。

参照美国蓝箱政策思路，作者尝试设计了中国的蓝箱政策的思路。为不失一般性，以小麦为例，具体步骤见表6-7。第一步，根据农业产值，测算特定产品蓝箱总体上限（C），及小麦可用的蓝箱上限（D）；第二步，根据小麦蓝箱上限，测算其占小麦产值的比重（E）；第三步，假定对 85% 的基期小麦种植面积给予补贴，这就等价于对 100% 的种植面积补贴，但补贴率为原补贴率的 85%，据此推算出小麦蓝箱价格支持可补贴的价格比实际价格高的最大上限百分比（F）；第四部，根据小麦的目标价格，可以测算出实际价格差，进而完成对蓝箱补贴政策的设计。举例来看。中国 2010 年小麦最低收购价格在 1.72～1.80 元/千克，2011 年在 1.86 ～1.90 元/千克；2011 年市场价格在 2.06 元/千克左右；由 F 可知蓝箱补贴价格水平。

表 6-7 中国小麦蓝箱政策设计框架

年份	农业产值（万元）	小麦产值（万元）	蓝箱总体上限（万元）	小麦蓝箱上限（万元）	小麦蓝箱上限占小麦产值的比重（%）	以补贴量占 85%，推算出补贴的价格比实际价格高的最大上限百分比	小麦实际价格水平（元/吨）	中国目标价格（元/吨）	（由政策设定）最低收购价格占目标价格的比重(%)	中国最低收购价格（元/吨）
	A	B	$C=A\times 5\%$	$D=A\times 0.5\%$	$E=D/B$	$F=E/85\%$	G	$H=G(1+F)$	I	$J=H\times I$

6.5 本章小结

（1）讨论了 WTO 国内支持规则对中国的适用性，分析了将中国农业政策与 WTO 规则对接及以 WTO 的 AMS 指标测算中国支持水平时遇到的一些不确定性问题。

（2）将中国农业政策与 WTO 规则对接，是件难度不大但较为复杂的工作，因为现有的国内支持规则主要依据欧美国家政策特点设置，与中国的实际情况并不相符。

（3）在现有的国内支持规则下，中国尚有通过政策调整来更好地利用规则的空间。例如，新蓝箱政策的制定为中国将一些黄箱政策向蓝箱政策调整（如中国的退耕还林还草工程），启用蓝箱政策来对国内农业进行补贴，预留了一个合法的政策空间。同时，把挂钩的直接补贴改革为脱钩的直接补贴是大势所趋，新蓝箱政策为中国农业补贴指明了方向，有助于中国改变补贴范围广、间接补贴多直接补贴少、隐性补贴为主公开补贴为辅的补贴政策现状，增加对农民公开的直接补贴，增强补贴的有效性和针对性，从而可以避免走弯路，减少不必要的损失。

（4）结合国际农业发展路径经验及中国的实际情况，中国可以考虑向 WTO 提交关于细化国内支持方面的提案，尤其强调规则应该考虑到各成员的异质性等问题。

7 基于微观效应的中国
农业政策归类研究

本章将考察补贴政策对农户生产行为（农户行为）的影响，以研究结论作为判断中国农业政策归类的依据。

7.1 基于微观效应研究政策归类的必要性讨论

按照 WTO 国内支持规则，判断一成员的农业国内支持政策为黄箱、蓝箱或者绿箱的核心标准是考量其对农业生产产生的扭曲程度。本书第 6 章讨论了将 WTO 规则应用于中国时，将面临中央补贴政策的目标和执行方式不匹配、中央和地方政府的目标及执行方式不一致，以及地方政府名义出台的操作措施与实际实施方式不一致等情况，导致如何按照 WTO 规则对中国农业政策定位存在较大不确定性，这也为中国参与多边谈判以及确定谈判立场等带来一定的复杂性，中国的国内支持通报经常受到其他成员的重点关注并提出各种问题。

由于 WTO 规则关注的是最终对生产产生的效果，如果能够拿出翔实的证据，证明发放给农民的补贴对农户生产的促进效应是否存在及影响程度，可对明确中国农业政策的 WTO 归类提供宝贵的基础性资料。这体现了从农户行为出发，研究政策属性的重要性。

7.2 补贴政策对农户行为影响的理论分析

根据舒尔茨（Schultz）的理论，农民是在各种外界条件给定的情况下对可得的生产要素进行有效配置的经济主体。作为微观决策主体，农民做出种植决策的目标多数情况下并不是单一的，其可能既考虑到追求利润最大化，又希望规避风险，还希望降低劳动辛苦程度。这在不同的农户个体间更加存在差异（艾利思，2005）。当前中国仍处在经济转型期，农民的种植行为不仅仅受到国家政策这一因素的影响，还受到城镇发展对土地的需求、农民外出就业机会的增加等非农业因素影响。现有的农户行为理论研究表明，在存在完善的劳动力市场或者土地市场的情况下，农户决策主要受到生产要素市场的价格和商品市场价格的影响。对于中国来说，当前的劳动力市场不可以被称为是完全竞争市场，但也比较接近完全竞争市场。对中国劳动力供给是否达到路易斯拐点的文献很多，多为学者认为中国农村富余劳动力可转移到第二、三产业的数量已经达到最大水平，目前农民可以自由到城市或外地打工，并且选择可以提供较高工资的可行的工作。土地市场虽然尚未有完备的土地流转法律支持，但农户个体之间的土地流转已经在大部分村庄可以见到，并且在农户内部达成地租协议。

7.2.1 农户行为偏好的特点

这里将基于调研数据分析农户行为偏好的特点。调研数据来自作者 2011 年 5～6 月在河北省的调研。选择河北省的理由有两个，一是中国南北农业种植模式差异较大，难以将种水稻为主和种小麦玉米为主的农户行为变化进行比较，本书将重点放在以种小麦玉米为主的北方；二是河北省是中国 13 个粮食主产省份之一，可以代表华北平原地区。

为保证抽取样本具有代表性，作者对河北县级和村级分别进行了分层抽样，选择收入及种粮面积处于高、中、低的 3 个县，从每个县分别选择 4～5 个收入及种粮面积分别处于高、中、低的村庄。最终选取武邑县、成安县和赵县 3 个县共 14 个村。每个县得到样本 80 份左右，共计有效农户样本 274 个。

7.2.1.1 研究对象的基本情况

调研样本基本特征见表 7-1，包括受访者性别、年龄、受教育年限、非农收入、对种粮是否划算的统计、家庭生产性固定资产的现值。可以看出，在274个受访者中，65%的受访者是男性。受访的年轻人很少，35岁以下的占总样本的9%，56岁以上的农民占40%，另外分别有27%和26%的农民年龄介于36~45岁和46~55岁。受访农户大部分是小规模种植农户，耕地面积5亩以内的占20%，5~10亩的占47%，10~15亩的占21%，15~20亩的占6%，20~30亩的占4%，另有3%农户种植面积大于30亩。有租入或者租出耕地的农户占总样本的17%。多数农户的年家庭总收入介于1万~4万元。受访样本受教育年限不到6年的占42%，接受过初中教育的占43%，另有15%农户接受过高中或者中专教育。从家庭拥有的生产性固定资产来看，拥有用于农业生产的农机的农户占9%，拥有运输机械的农户较多，大多数农户拥有拖拉机或农用三轮车。

表7-1 受访者个人及其家庭的基本情况统计

类型	选项	样本数	比例(%)	类型	选项	样本数	比例(%)
性别	男	165	65	种粮划算	认为种粮划算的农户	110	43
年龄	25岁以下	1	0	种地面积	5亩以下	50	20
	25~35岁	22	9		5~10亩	119	47
	36~45岁	68	27		10~15亩	53	21
	46~55岁	65	26		15~20亩	16	6
	56~65岁	79	31		20~30亩	9	4
	65~75岁	17	7		30亩以上	7	3
	75岁以上	2	1	转租土地	转租(入或出)土地的农户	42	17
年家庭总收入	1万元以下	28	11	受教育年限	2年及以下	36	14
	1万~2万元	80	31		3~6年	72	28
	2万~4万元	94	37		7~9年	109	43
	4万~6万元	49	17		9~12年	37	15
	6万~8万元	7	3		12年以上	0	0
	8万元以上	3	1				

（续）

类型	选项	样本数	比例（%）	类型	选项	样本数	比例（%）
农业机械现值	0 元	230	91	运输机械现值	0 元	91	36
	1～1 000 元	2	1		1～1 000 元	40	16
	1 000～5 000 元	1	0		1 000～5 000 元	88	35
	5 000～1 万元	3	1		5 000～1 万元	16	6
	1 万～5 万元	12	5		1 万～5 万元	11	4
	5 万元以上	6	2		5 万元以上	8	3

7.2.1.2 农户粮食生产决策变化情况

在舒尔茨提出农民会根据市场价格最优化配置其资源的观点后，企业生产决策的经济学研究方法就开始了在农业生产方面的应用，并逐渐纳入了农业社会特有的现象对企业生产理论进行扩展。类似于企业生产理论，农户种粮决策及行为也包括 3 个层面。首先是长期来看，家庭耕地总面积的决定（长期固定投入的变动）；其次在短期给定总面积中，如何分配土地给不同的粮食作物及非粮食作物（产品—产品关系）；第三是对于所种植的粮食作物，确定投入要素的数量和比例（生产技术及生产函数）。本书就从总种植面积变化、特定作物（小麦和玉米）面积变化及要素投入变化 3 个方面进行了调研，统计信息见表 7-2。

表 7-2 样本农户改变了种植行为的比例统计

	农户数	总种植面积变化（%）	种植面积变化（%）		劳动投入变化（%）		化肥投入变化（%）		种子投入变化（%）		机械作业面积变化（%）	
			小麦	玉米	小麦	玉米	小麦	玉米	小麦		小麦	玉米
增加	19	7	12	12	3	3	50	43	14		9	28
减少	19	7	7	6	39	36	4	3	5		2	1
不变	236	86	81	82	58	60	46	60	81		89	70

注：数据由作者调研得到。

（1）总种植面积的变化。由于耕地资源有限，以及 2002 年

《农村土地承包法》中规定"耕地的承包期为三十年",中国农村家庭耕地面积的调整并不是很多。这一点无论从长期（5年及以上）还是短期来看都如此，意味着农户不可能根据市场状况自由扩大耕地面积，这与地广人稀的美国不同。从调研样本来看，现有的耕地面积调整多是来自外界，如村庄土地重新分配、非农用途占用耕地等。村庄土地重新分配多是按照家庭人口分配，与农户的种粮意愿无关。非农用途的耕地占用则是通过补偿农户种地收入损失来安慰农民的耕地减少。具体来说，自2003/2004年度以来，调整了总种植面积的农户比例为14%，即约86%的农户总种植面积并没有变化。总种植面积增加和减少的农户比例相当，均为7%。总种植面积增加主要来自转租其他农户的耕地或者由于村庄重新分配耕地。调研的14个村中，有2个村自2003/2004年度以来进行过土地重新分配。在所有减少了总种植面积的农户中，有3个农户认为种粮不划算而放弃种地，有4个农户是因为灌溉不方便和身体不适等而减少种地面积。

（2）调研地区的种植模式一直是小麦玉米双季种植。在总耕地面积不变的情况下，增加和减少小麦和玉米种植面积的农户分别有15和10个，总共占236个面积不变农户的10%，意味着有10%的农户进行过种植作物结构的调整，调研地最常见的替代作物是棉花。

（3）小麦和玉米要素投入的变化。对于种植小麦和玉米的要素投入的变化情况，这里首先需要对选择的变量进行说明。代表农户种粮行为变化的最理想指标应该是两个考察年份数据之差，例如2011年种1亩小麦的化肥投入量与2004年投入量之差。最好的数据是分别在2003/2004和2010/2011年度对相同的农户进行调查，但这样做成本会很高，目前美国和欧盟也难以做到固定农户的国家统计（Erik和James，2010；Platoni等，2012）。次之的方法是，通过在调查中详细询问农户几年前的数据得到面板数据。但由于本书考察变化的两个时间点分别是2010/2011和2003/2004年度，之间相差7年之长，请农户清楚回忆出2003/2004年度劳动、化肥和种子的具体投入数据具有很大困难。鉴于此，本书选择用三元选择变量（选项分别为"1＝增加，2＝减少，3＝不变"）而非具体投入数据差来替代反映农户种粮行为的变化。

具体来说，调研中请受访者回忆了相比于 2003/2004 年度，2011 年种植小麦和玉米关于劳动工日、施肥量、用种量及机械作业面积 4 个要素的投入量是增加、减少还是不变。选择投入量而非投入金额，是为了避免只是由于物价上涨带来的虚假信息。灌溉、农药等也是农民的种粮投入。作者在预调研中发现，灌溉多是由村集体投资和共用，且具有一定的资源稀缺性，因此，统计农户个体灌溉行为的变化不具有太多意义；农药占农民总投入金额的比重较小，因此没有纳入考虑。还需要说明的是，小麦用种量的变化并不是代表小麦用种行为变化的最佳变量，因为不同品种小麦的亩用种量可能不同。鉴于仍有近 30％农户有自家留小麦种子的习惯，而使用自家小麦种子的用量不涉及小麦品种及价格问题，只与农户预期的小麦投入产出比有关。基于这一事实，选择小麦用种量可以基本反映农民用种行为的改变。对于玉米种子，由于必须要从市场购买，农民的选择同时取决于品种及价格，在不同年份之间的可比性较差，因此，本书不予考虑。

不同于耕地面积，劳动投入和化肥投入的变化方向非常显著，劳动投入大大减少，化肥投入增加。约有 40％的农户减少了对小麦和玉米的劳动投入，近一半增加了对小麦和玉米的化肥投入。此外，有 3％左右的农户发生了相反方向的投入调整（增加了劳动投入、降低了化肥投入）。其余农户的劳动投入和化肥投入则调整不大。

改变小麦用种量的农户占少数，有 14％农户增加了用种量，5％农户减少了用种量。这一现象也反映了这段时间，小麦育种技术并没有出现类似 20 世纪 60 年代东南亚发生的绿色革命那般显著的技术进步。

对于机械作业面积，小麦的变化并不显著，玉米显著增加。河北属于华北平原，小麦种植机械化普及的时间较早，到 2003 年，几乎 90％的耕地都实现了小麦耕种收机械化。玉米情况不同，其种植过程使用机械的环节集中在播种和秸秆还田，而且目前尚有农户倾向于人工播种（为了提高出苗率）和人工砍伐秸秆（可以作为青贮饲料，或者作为能源材料卖掉），收割机的普及率更低（主要原因是农户认为收割效果不好，会降低产量）。但是，自 2003 年以来，中国耕种收综合机械化水平提高了 20 个百分点，2010 年达到 52.28％（苏晓宁，2012）。玉米机械作业面积的增加也可以反映这一点。

种粮投入的变化直接导致了单产和总产的变化。从表 7-3 可以看出，60％以上的农户两种作物的单产都有所提高，提高幅度集中在 150 千克/亩以内；30％的农户单产与 2003/2004 年度的水平接近；另有少数农户出现减产情况。

表 7-3　样本农户小麦和玉米单产变化统计

	小麦		玉米	
	农户数	比例（％）	农户数	比例（％）
减产 50 千克/亩以上	4	1	2	1
减产 50 千克/亩以下	8	3	3	1
不变	79	29	67	24
增产 50 千克/亩以内	91	33	72	26
增产 50~150 千克/亩	84	31	106	39
增产 150~250 千克/亩	7	3	21	8
增产 250 千克/亩以上	1	0	3	1

7.2.2　构建农户效用函数

本书假设一般农户是在保证自家耕地产出可满足自家粮食消费的前提下（或者是保证耕地不荒芜），追求家庭年净收入次优化的经济个体。即，农户效用取决于自家粮食消费量、家庭人均年净收入及闲暇时间。U、C、π、L^{of}、L^{f}、L^{l}、Z、V、P、S 分别表示农户效用、自家粮食消费量、种粮利润、非农劳动时间、农业劳动时间、闲暇时间、其他变量、投入要素、产品价格和补贴。其中 i 表示第 i 个农户，t 表示在 t 期，n 表示第 n 个投入要素；of 表示

off-farm，即非农；f 表示 farm，即农业；l 表示 leisure，即闲暇；h 表示 home，即家庭；C^h 表示农户自家粮食消费量；w 表示农民面对的非农市场平均劳动工资；Q 表示农产品产量。

$$\text{Max}U_{it} = U(C_{it},\ \pi_{it},\ L_{it}^l/Z_{it}) \tag{7-1}$$

$$\begin{aligned}
\pi_{it} &= I_{it}^{of} + I_{it}^f + S_{it} \\
&= w_{it}L_{it}^{of} + P_{it}^f Q(L_{it}^f,\ V_{itn},\ T_{it}) - \\
&\quad w_{it}L_{it}^f - \sum v_{itn}V_{itn} - P_{it}^f C_{it}^h + S_{it}
\end{aligned} \tag{7-2}$$

式中，Z_{it} 表示第 i 个农户在 t 期的家庭及个体特征变量；j 表示作物，$j=$wh，ma，co，ot，分别表示小麦、玉米、棉花和其他作物。

农户的约束条件为：

$$L_{it}^f + L_{it}^l \leqslant A \tag{7-3}$$

$$L_{it}^f \geqslant 0;\ L_{it}^l \geqslant 0 \tag{7-4}$$

$$C_{it}^h \leqslant Q_{it} \tag{7-5}$$

式中，$C_{it} = C_{it}^h \times R_{it}$，$R_{it}$ 表示农户对种粮是否划算的评价；A 表示最长可劳动时间。作者假定农户出售粮食的比例与其认为种粮是否划算相关，如果种粮越划算，心理预期的自家粮食消费量等于实际量乘以是否划算哑变量（认为划算，$R_{it}=1$）。如果认为不划算，则可能农户尽管消费了粮食，仍然觉得消费的粮食未给其带来效用。

构建拉格朗日函数，

$$\begin{aligned}
&\text{Max}(C_{it}^h,\ L_{it}^f,\ L_{it}^l) \\
&L = U(C_{it},\ \pi_{it},\ L_{it}^l/Z_{it}) + \lambda_1(A - L_{it}^f - L_{it}^l) + \\
&\quad \lambda_2(Q_{it} - C_{it}^h) + \lambda_3 L_{it}^f + \lambda_4 L_{it}^l \\
&\lambda_1,\ \lambda_2,\ \lambda_3,\ \lambda_4 \geqslant 0
\end{aligned} \tag{7-6}$$

根据一阶条件和库恩塔克条件，可以求解得到农户最优决策下的劳动分配决策和自家消费粮食决策。

假定影响农户效用的主要为 3 个因素，粮食销售比例、家庭人均年净收入和闲暇时间。其作用机制如下：

（1）粮食销售比例。调研中发现，中国现有农户大多是兼业农户，有少数因为身体素质原因等不从事非农工作。调研地农民均以小麦和玉米两季轮种为主要种植模式。82％农户销售的小麦比例不足 100％。调研地均为平原地区，销售小麦并不存在困难，可能的区别是选择上门销售还是拉到镇上粮站。一般来说，门口销售会比自己拉到粮站便宜 2～6 分/千克，价格差主要是因为运输成本及粮食经济人的劳动报酬。上门收购的价格会与镇上销售价格联动变化，偶尔会有 1～2 天的滞后期。可以认为，调研地农产品市场是完善的。在完善的市场上，农户选择自家留小麦的原因，主要是因为以面食为主粮。如果将小麦全部售出，则需要从市场上购买面粉。作者在调研中做了统计，农民购买面粉有两种方法，一是自己带小麦到粮油门市，按照 50：X 的比例换回面粉（50 千克小麦换 X 千克面粉），以及 50：（50－X）的比例换回麸皮，同时给粮油门市每 50 千克 10～15 元的加工费。另一种方法是直接从粮油门市用现金买回面粉。作者对陕西和河北两地的典型农户估算的结果表明，两种购买面粉的价格基本相同，意味着选择以小麦换回面粉这一方式并没有给农户节约支出水平。那农户为什么选择这一方式呢？Low（2008）假设农户处在半生存经济状态，即售粮和卖粮价格不同；Aslihan 和 Taylor（2009）进一步指出，对于半传统农户来说，自家消费的玉米是没有直接价格的，而其影子价格包含了市场价格之外的因素，如自家生产的玉米制成的产品品质比市场上的好。放到中国市场，对于农户这一换粮行为可以认为，其影子价格超过市场价格，但原因并非是农户认为自己产品的品质好，更多的可能是农户的消费习惯及规避风险。因为相比于买面粉，农户卖粮多是集中性的，每年所产粮食分 3～4 次就卖掉，所以卖的价格也是几个非连续变量，而买面粉则是经常性和连续性的。一年之中，面粉价格来回波动，出于避免面粉价格突然上涨的原因考虑，农户选择了换粮方式。因此，粮食自我消费是农户效用的影响因素之一。选择粮食销售比例还不能完全代表农户的这一偏好，这里再次引入农户对种粮是否划算的看法（R_{it}）。将实际农户自家粮食消费量与 R_{it} 相乘，得到有效农户自家粮食消费量。

（2）家庭人均年净收入。农户效用的第二个影响因素是家庭人均年净收入。农户效用和收入/消费有密切的关系。以往学者中分别有使用家庭总收入、农业收入、家庭购买的消费品（吴连翠和柳同音，2012；陶建平和陈新建，2008）等来作为效用函数的构成变量。中国农户目前的收入主要来自非农业，农业收入占少数。对于45～60岁的农民，如果家中有儿子，其年支出项目主要包括给儿子娶媳妇的花费（很多农民攒够给一个儿子娶亲的钱需要至少3年）、教育支出、医疗支出、日常生活花销及送礼支出。因此，对于一个农民来说，影响其效用的关键变量用年人均净收入更能代表。例如两个家庭，家庭A有4口人，家庭B有8口人，则年净利润1万元对两个家庭的效用不同。年终存折上能留下的钱越多，农民的效用越高。

（3）闲暇时间。这里的闲暇时间指除去外出打工和参与农业劳动后其他的可工作时间。中国很多学者假设农户追求收入最大化，如果如此，农户就应该没有闲暇时间。但在现实生活中，农户不太可能没有闲暇时间，原因有3点：第一，家庭成员的异质性（吴连翠和柳同音，2012）。男性农业劳动力可能只在主要农业生产环节参与农业劳动（如收割），而未外出打工的女性则负责其他的不严重依赖生产节气的农业活动（如打农药、浇水等）。这些妇女在农业生产劳动边际生产率上与男性没有差异（Low，1986），如果选择外出打工，不见得找不到工作（工资要低于男性），而其没有选择外出打工的原因就是要负责不重要的农活，以及参与家务劳动（再生产活动等）。第二，农业生产是季节性的，在一个生产季内，从播种、管理到收割，有好几个阶段需要农户投入劳动（如打农药、浇水等），这些生产活动即使本身不需要太多时间，农民也需要为此准备，如买生产资料、排队等候公用生产设施等。在收割等需要更多劳动力的生产环节上，男性劳动力从外地往返家中参与农业活动所用的整个时间，也会长于参与农业生产环节的时间。第三，农民的工作很少是固定的，多是从事建筑、运输等临时性工作，会受到季节、天气变化的影响。因此，男性劳动力也不会把所有的农业生产活动之外的时间都用于非农业劳动。

7.2.3 将补贴因素纳入模型

国外有学者试图构建面板数据，研究补贴对农户是否扩大种植面积产生的影响。Erik 和 James（2010）使用美国农业部每年一次的农业资源管理调查（ARMS）农户调查数据，采用聚类方法对地区数据加总求平均，进而将基于农户的非面板数据转为基于地区的面板数据，并使用两次差分法得到农户种植面积变化与补贴变化的关系。Weber 和 Key（2012）使用了类似的方法研究补贴对产量的影响。Weber 使用的是美国农业部（USDA）农业统计服务局（NASS）每 5 年一次的调查数据（Census of Agriculture），将邮政编码作为农场编码的代替，使用一阶差分法及工具变量法构建 2007 年产量 Y_{i07} 的影响模型（$Y_{i07} = \delta_0 + \delta_1 Y_{i02} + \delta_2 Y_{i97} + \delta_3 X_{i02} + \delta_4 X_{i97} + \theta \Delta GP_{i,02-07} + \mu_{r(i)} + \varepsilon_{i07}$），通过将 2002 和 1997 年产量纳入模型，相当于对一个农户家庭中不变的个人、家庭、气候、土壤质量等因素进行控制，进而考察政府对农场的支付变化（$\Delta GP_{i,02-07} = GP_{i07} - GP_{i02}$）对产出的影响。

中国也有学者在农户决策变化方面进行研究。刘克春（2010）构建了包含补贴政策、农户粮食生产收入预期及种粮面积决策 3 个要素的农户粮食种植决策模型，认为是否扩大种植面积和扩大程度同时受到农户粮食生产收入预期和农户对补贴政策的评价/对生产资料价格涨幅评价两类因素的影响。吴连翠和柳同音（2012）研究粮食补贴政策与农户非农就业时，考虑到家庭成员的异质性，假设一个家庭做出劳动分配决策时追求效用最大化。

对于造成农户生产决策变化的原因，本书将其归为外生变量 X_i^j（补贴政策、技术进步等）和内生变量 Y_i^k（生产效率）两类，构建农户种粮行为决策变化的影响模型，公式为：

$$\Delta D_i^m = \alpha_0 + \sum \alpha_j X_i^j + \sum \beta_k Y_i^k + \delta_i \qquad (7\text{-}7)$$

式中，ΔD_i^m 表示决策的变化，X_i^j 表示促使第 i 个农户改变种

粮决策的第 j 个外生变量，Y_i^k 表示促使第 i 个农户改变种粮决策的第 k 个内生变量，α_j 表示第 j 个外生变量对决策变化的边际影响，β_k 表示第 k 个内生变量对决策变化的边际影响，δ_i 表示模型估计的误差。但式（7-7）的误差 δ_i 可能会存在严重的异方差现象，因为不能由 X_i^j 和 Y_i^k 解释的因素（家庭人口、受教育年限等），尤其是样本的个体特征，都会被计算到 δ_i 中。即：

$$\delta_i = \sum \gamma_m Z_i^m + \varepsilon_i \qquad (7\text{-}8)$$

式中，Z_i^m 表示决定 i 样本决策的第 m 个家庭及个体特征控制变量，γ_m 为待估参数，ε_i 变量符合均值为 0 的正态分布。式（7-8）将可能影响农户决策的个体变量区分开，将式（7-8）代入式（7-7）得到式（7-9）：

$$\Delta D_i^m = \lambda_0 + \sum \lambda_j X_{it}^j + \sum \beta_k Y_i^k + \sum \gamma_m Z_i^m + \varepsilon_i \qquad (7\text{-}9)$$

通过式（7-9），可以识别出影响农户种粮决策变化的因素。

7.2.4　研究假说

通过对农户种粮行为变化的统计和分析可以发现，可以由农户根据市场情况调整种植决策的决策区间集中在第二和第三个层面，即种植作物结构的调整和投入要素数量比例的变化，尤其是第三个层面。因此，本书将关注农户种粮投入要素决策的影响因素，并提出相应的研究假说。

劳动时间的分配是微观经济学的核心问题之一。目前，有众多文献和数据表明，农村家庭收入的主要来源是非农收入，农民非农务工的收入、容易程度将是影响农业劳动投入的关键因素。此外，中国的农业技术变迁已经越来越具有提高劳动生产率的倾向（蔡昉和王美艳，2007），劳动替代性技术进步为减少农业劳动投入提供了直接的外部推力。对于粮食补贴对农业劳动的关系，目前学者并没有一致性结论，有学者认为，粮食补贴政策对农户非农劳动供给具有显著负面效应，粮食补贴水平越高，农户越倾向于减少非农劳动时间供给，分配更多的时间用于农业生产（吴连翠和柳同音，

2012）；也有学者认为，直接的粮食收入性补贴对农业部门的劳动供给并不产生影响，粮食部门的劳动供给只与该部门的劳动生产率相关（肖琴，2011）；甚至除了补贴，农村税费改革对农民劳动投入的影响都是不显著的（徐翠萍，2010）。总体来说，要比较现有研究补贴与种粮投入的研究文献，需要首先明确补贴的性质，即是否与实际种植面积挂钩。如果与实际种植面积挂钩，意味着种粮多的农户可以得到更多的补贴金额，意味着每亩的补贴利润会增加，因此，可能增加下一年的粮食投入水平。如果补贴金额与实际种粮面积不挂钩，则意味着补贴金额将成为家庭总收入的一部分，不会与农业投入产生直接关系。

基于此，本书提出关于农业劳动投入变化的假说：

假说 1：农户农业劳动投入变化与非农务工工资变化负相关，与非农务工容易程度可能呈现正相关或负相关。

非农务工工资越高，农户越倾向于减少农业劳动投入，以增加非农务工劳动时间。非农务工越容易，一方面意味着农户农业劳动投入的机会成本越低，农户可能会选择在不减少农业劳动投入的情况下参与非农务工；另一方面，非农务工越容易、门槛越低，农村妇女参与非农劳动的机会也会增加，因此可能减少农业劳动投入。

假说 2：如果政府发放的补贴是与种植面积等挂钩，会产生双重作用，一方面，会鼓励农民增加对农业的劳动投入；另一方面，由于农业成本的降低会促使农民增加非农劳动投入。

7.3　中国农业补贴政策效果的实证分析

根据 7.2.4 中的研究假说，这里将选择种植小麦农户的劳动投入变化情况作为被解释变量，建立计量模型，考察农业补贴政策对农户行为产生的影响。

7.3.1　变量说明

被解释变量为劳动投入的变化。解释变量由 3 类变量组成，外

生变量 X_i^j、内生变量 Y_i^k 和控制类变量 Z_i^m。本书考虑的外生变量包括：

（1）种粮补贴（X_{1i}）。国内学者在考察补贴政策效果时，使用过多种指标来反映补贴水平，包括使用亩均粮食补贴（吴连翠和柳同音，2012），农民获得的种粮直补、农资综合直补总额（陶建平和陈新建，2008），对农户按照种植规模分类，分别测算按照实际种植面积和按照承包面积所得到的亩均补贴额（张建杰，2008），农民是否获得补贴的哑变量（王秀东和王永春，2008），农民对补贴政策的李克特5点量评价（刘克春，2010）等。根据中国补贴实施的特点，在同一地区内农户获得亩均补贴额差异性非常小，即使将按照实际种植面积和按照承包面积发放的方式对比，亩均差距也不大（张建杰，2008），因此，采用亩均补贴额作为解释变量，可能存在将非随机变量当作主要解释变量，得出的估计量虽然无偏差但方差过小，解释力下降。即使农户因为种植结构和产量的差异导致单位面积实际补贴额不同，国外学者 Erik 和 James（2010）仍然指出，基于单位面积实际补贴额分析对农户种植面积的影响，存在难以避免的内生性问题，因为补贴和农户种植面积呈线性相关，此外在补贴实施进入稳定期后（不是最初实施补贴的两年），种植面积和补贴额的关系可能互为因果。

对于补贴对种植面积的影响，美国学者的研究发现存在严重内生性问题，因为农场主可能是因为补贴所以增加将来的种植面积，也有可能是因为种植面积比较大，所以有较多补贴。对于中国，也存在这一问题，由于是非挂钩的直接补贴，补贴与家庭上一次统计时的面积（如某个时间点，或者上一次村庄统一配置土地时的统计数据）成正比关系。因此，这是研究中需要注意的。但有足够理由来忽略中国补贴政策的这种内生性。一是补贴额少；二是土地可调整的自由度不高（没有闲置的土地），农户可以做的仅是在固定的面积上调整种植结构。

中国农业补贴的实施已经进入稳定期，农户对补贴的看法将不仅取决于补贴的绝对量水平，还取决于补贴额对农户的重要程度。

刘克春（2010）采用农民对补贴的满意度作为替代变量，可以通过引入不同农户对补贴认识的差异，在一定程度上解决实际获得补贴额一致这一问题。本书尝试引入相对补贴量，即分别使用农业补贴占家庭总收入的比重（X_{1fi}）和农业收入占家庭总收入的比重（X_{1li}），作为反映补贴水平的变量。

（2）劳动节约型技术进步（X_{2i}）。本书所选择的调研地都是平原，小麦播种和收割机械化在 2003 年之前已经基本实现。本书使用 2003 年以来农户机械作业面积是否增加（X_{2i}）来反映劳动节约型技术进步变量。

（3）施肥技术的改进（X_{3i}）。这一变量将作为分析影响农户化肥投入的变量。假定，如果农户认为自 2003 年以来施肥技术有了较大改进，则其可能根据施肥技术的改进而改变其化肥投入量，可能增加投入量（如果改进的施肥技术需要更多化肥）或者减少投入量（如果施肥技术通过减少过程浪费等降低亩使用量）。这一数据主要来自问卷中的，"您认为哪些政策有了较大改进"中的"是否选择施肥技术"。

（4）粮食生产效率（MP_{li}）。有多种指标可以衡量农户的粮食生产效率，包括土地生产率、劳动生产率、全要素生产率、成本利润率、技术效率、农户效率及包含非农收入在内的农户效率等（李谷成等，2009）。在研究种植面积变化的模型中，本书将使用全要素生产率作为解释变量；在研究劳动投入变化的模型中，将使用劳动生产率来表达。李谷成等（2009）使用劳动力人均产出（Y/L）和农民人均产出（$Y/Farmer$）分别表示劳动生产率。根据微观经济学知识，在成本约束下，追求产量最大的最优劳动投入是劳动的边际产品价值（MP_{li}）等于劳动成本（w_i/p_i），即 $MP_{li}=w_i/p_i$。实际上，众多使用随机前沿生产函数的研究都表明，在一个地区达到技术效率和配置效率的只是少数标准农户，其他农户可能存在各种非效率。因此，本书拟用 MP_{li} 来表示粮食生产的农业生产率。MP_{li} 通过估计柯布—道格拉斯（C-D）总量生产函数 $\ln Q_i = \alpha_0 + \alpha_1 \ln L_i + \alpha_2 \ln F_i + \alpha_3 \ln G_i + \alpha_4 \ln S_i + \alpha_5 \ln M_i + \mu_i$ 得到。其中 Q，L，

F，G，S，M 分别表示亩产量、亩劳动投入天数、亩化肥费用、亩灌溉费用、亩种子费用、亩机械费用。通过估计得到的参数 α_1^*，可得到 $MP_{li} = \alpha_1^* Q_i / L_i$。具体的测算见附录 8。

王美艳（2011）利用《全国农产品成本收益资料汇编》数据进行分析发现，20 世纪 90 年代以来，主要粮食作物的劳动总投入和单位面积劳动投入都迅速下降，农业机械投入大幅增加，资本劳动投入比迅速提高，2005—2009 年，粳稻的劳动产出弹性和边际劳动生产率有大幅提高。

（5）农业成本利润率。成本利润率对农业生产者的影响作用更为直接，如果种粮利润率能提高，农户投入要素的积极性应该也会相应提高。种粮利润 $\pi_i = I_i^f - C_i = P_i Q_i - w_i^f L_i^h - a_i \sum B_i$。其中，$I^f$ 表示种粮收入；C_i 表示种粮成本，由雇人、化肥、种子、灌溉和机械费用组成；B_i 表示其他投入要素。这里没有计算农户从事农业生产的机会成本，只计算雇人帮忙从事农业生产的费用。尽管成本利润率可能具有内生性，但作者认为此处并不妨碍其作为解释变量来解释农户劳动投入的变化。

（6）非农务工的容易程度。如果受访者非常容易找到非农工作，则其可能有倾向通过减少农业劳动投入去从事非农劳动以获得更多收入。这里用受访者认为"是否好找到非农工作"（哑变量）作为反映非农务工容易程度的变量（Y_{1i}）。

（7）非农收入（Y_{2i}）。与非农务工容易程度的影响机理相似，假定现在农户非农收入越高，其越倾向于减少农业劳动投入，但越倾向于增加化肥投入。

因变量为相比于 2003 年左右，2010 年农户小麦劳动投入的增减情况，设为二元选择变量。由于小麦劳动投入增加了的农户比重非常小，这里去除这些样本，并令 0 表示劳动投入不变，用 1 表示劳动投入减少。

7.3.2 模型结果讨论

模型 1 是使用所有变量构建 Logit 模型回归得到的结果，模型

2 使用的变量与模型 1 相同，但采用的是小于 30％概率逐步剔除法回归，模型 2* 是根据模型 2 计算得到的各变量对因变量影响的平均边际值（表 7-4）。

　　可以看出，相比于模型 1，模型 2 的效果更好，农业补贴占家庭总收入的比重，以及农业收入占家庭总收入的比重，对小麦劳动投入变化的影响非常不显著，并且在逐步回归中被剔除。另外一个能反映补贴的变量是农民是否知道补贴的二元选择变量，结果与劳动投入变化的关系非常显著，即在知道补贴的人群中劳动投入减少的比重更大。这意味着，由于补贴的绝对值占家庭总收入的比重较小，因此对农民决策的影响并不是很显著；但补贴作为政府对农民释放的一种信号，还是起到了预期的作用，是否知道补贴对劳动投入的决策有显著影响。

　　非农务工对农业劳动投入的影响并不特别显著，不论是否容易找到工作还是工资的高低，两个变量都是在 20％的显著性水平上显著。从大方向上来说，工资越高，农户会越倾向于减少农业劳动时间，但与此同时，越容易在本地找到打工的农民也不会减少其农业劳动投入时间。这与本研究的假说基本相符，在中国农村劳动力转移已经（或将要）过到路易斯拐点的时期，本地就业意味着可以方便回家务农，所以农业劳动投入时间不会减少。

　　其他影响因素还包括粮食生产利润和谷物种植面积比重这两个反映农户种植情况的变量。粮食生产利润越高的农户，在过去几年中，其农业劳动投入时间显著下降。这意味着，当前中国农村农业收入的主要决定因素并不是劳动投入，而由其他因素主导。谷物种植面积比重越小的农户，在过去几年中减少的劳动投入越明显。

　　此外，农业科技进步和家中孩子数也是显著的影响因素。农业科技进步越明显，农户在过去几年中的农业劳动投入越有可能下降。家中孩子数越多，农户家庭的农业劳动投入时间越少。这一点也不太符合本研究的预期。

表7-4　小麦劳动投入变化的影响因素

估计方法	普通回归	逐步回归	边际效应
	模型1	模型2	模型2*
农业补贴占家庭总收入的比重（X_{1fi}）	−0.01 (0.05)		
农业收入占家庭总收入的比重（X_{1ti}）	0.01 (0.01)		
是否知道补贴（1＝是；0＝否）（X_{1yi}）	0.89*** (0.31)	0.89*** (0.30)	0.21
粮食生产利润（π_i）	0.49** (0.24)	0.64*** (0.21)	0.15
劳动节约型技术进步（X_{2i}）	0.27** (0.12)	0.26** (0.12)	0.06
非农收入（Y_{2i}）	0.62 (0.41)	0.56 (0.40)	0.13
是否容易找到工作（Y_{1i}）	−0.48 (0.34)	−0.46 (0.34)	−0.11
小麦劳动生产率（MP_{li}）	−0.00 (0.01)		
家中孩子数	0.42** (0.20)	0.44** (0.18)	0.11
户主年龄	−0.02 (0.02)		
谷物种植面积比重	−0.57 (0.37)	−0.79** (0.31)	−0.19
常数项	−5.09** (2.42)	−5.67** (2.23)	
样本数	244	244	
调整 R^2	0.113	0.108	
χ^2（自由度）	37.42 (11)	35.63 (7)	

7.4　农户行为、补贴政策与政策属性的关系讨论

本书7.3中仅就种小麦农户家庭的农业劳动投入变化作为一种研究尝试，重点考察自2004年以来的补贴政策对农户劳动行为的

改变。实际上，一项政策对农户行为的改变远不止体现在农业劳动投入的变化方面。如本书 7.2 中所讨论的，要素投入、技术选择、规模扩张等生产行为都可能因为补贴政策而发生改变。

回到 WTO 国内支持规则上，其判断是否具有扭曲贸易效果的思路，就是先审查该项政策是否属于绿箱，如不属于，又有利于生产者，就需要计入黄箱。本书 5.2 中就绿箱条款对政策确定的标准进行了讨论，认为当前绿箱条款界定的政策范围不够清楚，进一步明晰绿箱条款中的标准将是 WTO 国内支持规则未来的改革方向之一。具体到中国，就涉及对生产者行为（劳动、其他要素投入等）影响到多大程度，一项政策就应该归入黄箱而不是绿箱。这一问题不是本书能够解决的，但根据中国的实际情况，将这一问题提出并进行深层次的研究，将对中国制定谈判策略、调整国内支持政策等提供基础技术支持。

7.5 本章小结

（1）使用 2011 年对河北省 3 个县 274 个农户的调研数据，总结了相比于中国补贴政策出台初期（2003/2004 年度），2010 年河北省农民小麦生产的劳动投入变化情况，以作为判定中国农业补贴政策属性的来自微观层面的证据。

（2）相比于 2003/2004 年度，中国北方农户种粮行为变化的主要特点是，劳动投入或维持原状或减少；化肥投入或维持原来水平或提高；总种植面积进行了调整的农户并不多，主要的调整来自一些农户在种植作物结构方面的变化。

（3）北方农民的粮食并非完全用于市场销售，还有一部分用于自家消费，尽管当前认为种粮不划算的农户占 57% 以上，但是农民仍然选择继续种植粮食。种粮承担了降低农户非农务工收入波动、老人外出务工难度大等任务。

（4）研究考察期内小麦生产劳动投入的变化及其影响因素，分析补贴金额的多少并不是影响农户做决策的关键变量，但是知道补贴的农户更有倾向减少劳动投入。究其原因，是国家政策为农民释放的价格稳定、收入略有保障的信号，使得农民放弃耕地、外出务工面临的机会成本降低。再结合中国北方耕地已经接近使用到最大限度来看，单位面积劳动产值再提高的空间不大，所以农民会分配更多劳动到非农产业。

（5）对化肥投入变化的影响因素也进行了模拟，但结果并不理想，除了户主的受教育年限，尚未找到其他促使改变化肥投入的变量。一个可以证实的案例是，化肥投入的变化与补贴的多少以及是否知道补贴没有显著关系。这意味着，虽然中国每年都有农业投入品补贴，但由于补贴多以不挂钩形式发给农民，对农户种粮直接行为的引导并不强，可以说中国目前归入黄箱的农资综合补贴政策更多地具有稳定农民收入的绿箱性质。

8　结论与建议

8.1　主要结论

当前农业多边谈判中存在自由化和农业保护两种对立的声音，为多哈回合农业谈判的达成带来了较大阻力，由此使得一个之前多被忽视的本质性问题出现，即 GATT/WTO《农业协定》国内支持规则产生的经济学基础是什么，其作用机理如何，又应该如何协调与成员之间农业发展的利益冲突。围绕这一问题，本书以 GATT/WTO 农业国内支持规则为研究对象，在回顾其产生和演变的历史过程基础上，分析了农业国内支持政策的经济理论与国际经验，进而探究国内支持规则的作用机理，并从约束空间及削减、约束指标及协调和强制实施力等角度对国内支持规则的约束效率进行评析；探讨了将国内支持规则应用于中国时面临的政策对接、支持水平测算等问题，并使用中国农户数据进一步探讨中国农业政策与国际规则对接的复杂性。得到的主要结论有：

（1）多边谈判农业国内支持规则的产生源自保障农产品边境贸易政策自由化的需求，是美国、欧盟、日本和凯恩斯 4 方利益集团在与国内利益集团以及贸易合作伙伴之间多次协商博弈后的成果，是世界经济发展到一定水平的必然产物。贸易大国国内的政治成因决定了谈判的短期顺畅程度，自由化贸易的福利改进等经济成因决定了谈判的长期方向。相比于 GATT，WTO 在决策过程中更加注重"自下而上"提交提案的阶段，发展中成员参与多边规则制定的积极性也得到较大提高，国际农业谈判的决定力量结构发生了由"寡头市场"向"自由市场"的改变。

（2）在梳理农业国内支持政策产生的理论依据并进行国际经验比较后发现，农业保护水平随着成员的经济发展水平呈阶段性变化的，并且在国际层面上逐渐呈现出特定趋势，意味着发达国家农业现代化的发展之路，在一定程度上可以作为当前发展中国家农业发展道路的借鉴；意味着多边国内支持规则约束效率提高的前提之一应是统筹考虑不同成员农业成长轨迹与阶段，进一步证实了国内支持议题在多边谈判中的难度。粮食安全是多边谈判中最为基础和关键的农业问题之一，本书证实了粮食安全水平是粮食保护政策的主要考虑因素之一，也是多边谈判中不可忽视的因素。此外，成员的农业资源禀赋及发展水平、政策类型等均是影响农业国内支持水平的主要因素。发展中成员和发达成员保护农业的手段和方式不同，使用国内和边境贸易政策的策略也不同。从农业国内支持政策对经济产生的效果来看，发现价格支持类政策对农业产出存在显著促进作用，而政府的一般服务对农业产出及农业 GDP 的影响均较小。

（3）通过梳理国际贸易规则产生的经济理论，从公平性、有效性、实施监督及强制执行 4 个方面对国内支持规则的约束效率进行了考核。结果表明，国内支持规则基本实现了约束成员的国内支持政策的目标，并且通过允许重复博弈、公开通报及公平受理争端等机制促使内在的更新。目前仍存在一些约束效率不高的方面，包括对不同类型成员的约束缺乏公平性，初始成员享有了额外的约束空间；监督职能的发挥多基于形式而非严格审议；对违反规则成员的制裁程序较为冗长、缺乏强制力等。书中探讨了规则的可改进之处，认为充分考虑成员异质性并体现在规则上将有助于提高规则的认可度和执行力，如对发展中成员的粮食安全问题给予适当宽松条款等。

（4）在得出国内支持规则存在一定的约束效率低下的基础上，进一步对规则本身存在的、可能会导致非效率的 3 原因进行了剖析。在判定政策属性和归类方面，WTO 国内支持规则的相关条款主要是定性描述，没有定量的判定方式，给成员留下了较大的自我裁定空间。在测算农业保护水平和扭曲程度的指标方面，相比于

OECD 和世界银行的指标，WTO 的国内支持指标（AMS、蓝箱、绿箱等）较为粗糙，不够灵活，测量扭曲程度的经济学基础解释较弱，且难以快速地修正或调整。

（5）将中国农业政策按照 WTO 国内支持规则进行归类并计算支持水平，需要大量翔实的前期政策效果调研及充分讨论等。当前存在的主要问题是，中国农业政策存在中央和地方、地方和基层的政策规定及实际操作方式不一致等情况，导致无法用 WTO 规则来衡量中国的脱钩政策与不脱钩政策，如何将政策归类存在较大不确定性。测算中国的农业国内支持水平，发现其目前尚未面临规则的实质性约束，但未来特定产品将是最早可能突破微量允许上限的部分。在现有的国内支持规则下，中国尚有通过政策调整来更好利用规则的空间。

（6）从补贴政策对农户生产行为的影响来看，当前中国的补贴政策，即便是归入农业投入品补贴类的农资综合直补政策，对农户种粮意愿和种粮行为的改变也是较为有限的，但补贴政策的存在对在种粮收益相对下降情况下稳定农户粮食种植面积起到了一定作用。

8.2 政策建议

8.2.1 对中国农业发展的政策建议

（1）对中国未来农业发展要有长远判断，并充分总结国际农业发展与政策调整的经验。中国目前处于工业化中期阶段（朱满德，2011），农业和工业发展的结构都处在较快的变化过程中，随着经济的发展农业产业将在经济中获得怎样的地位，中国未来农业保护政策格局如何，将以什么类型的政策为主，保障粮食自给率是否会造成人为扭曲粮食生产的比较效益以及会对农业经济系统产生什么影响等，这些都是中国在调整或者实施下一步政策需要考虑清楚的前提。在这一方面，尽管发达国家的农业现代化道路不一定适用于中国，但全面总结国际经验和规律，借鉴可取之处、警惕走过的弯路，将对中国更加有效的政策转型提供参考。

（2）从短期来看，中国在对农业实施保护时，应该既注重政策目标（保障粮食产量或提高农户收入等）的实现，又注重政策效率，要把 WTO 规则可能形成的约束考虑在内，以免过分扭曲国内农产品市场；加大有利于提高农业科技生产力的政策扶持，以实现农业长期的比较优势提高。

尽管 WTO 国内支持规则将成员的农业国内支持政策按照对市场的扭曲程度进行分类，中国在设计农业政策时主要是从国内支持政策需求出发，并非完全按照 WTO 框架进行设计。如果在未来的政策设计中，能够更多考虑和使用多边规则，将有助于提早规避国际规则对国内产生实质性约束。

（3）如何提高中国农业政策的实施效率，需要有对中国农户行为的详细研究，明白影响农户决策行为的关键因素，鼓励农业生产中的规模效益，尤其注重制约农业生产力的制度方面的因素。当前，中国农村的生活条件和水平低于城镇，农民从农业可获得的收入比重也在逐年下降，农户种粮的积极性主要取决于可得收益，在此种情况下，国家的大规模补贴，虽然使农民普遍获益，但对农户种粮行为的影响较为有限。

8.2.2 对中国参与多边谈判的政策建议

（1）认清多边谈判规则的演变规律和主要驱动因素，加强对其他国家国内农业政策演变及如何巧妙利用国际规则方面的研究，为中国国内农业政策调整提供借鉴。

（2）针对中国农业政策难以清晰按照 WTO 规则归类的问题，在当前国际多边规则不断受到成员挑战和不断重塑的背景下，中国可以调整在多边农业规则谈判中的战略，就发展中成员的特殊情况去寻求更多的特殊与差别待遇等，如粮食安全问题仍是需要考虑的头等问题、耕地面积有限导致挂钩与不挂钩政策无实质性区别等。WTO 规则本身决定了如果成员不去强调其利益关注，WTO 是不会主动考虑改善某些成员的利益。因此，在谈判中既要攻守兼备，又应注意多多表达诉求。

（3）在与其他利益相似成员之间结成的谈判集团中，依靠集团的力量来向 WTO 表达关注。

8.3　进一步研究的建议

（1）对补贴依据和影响的研究，尚有进一步细化的空间。本书限于主题，主要从经济发展与农业保护水平的关系入手；进一步的研究可以使用国际数据分析总补贴对农民收入等宏观变量的影响，深入探讨不同类型的国际影响因素；也可以使用价格补贴数据分析对特定产品支持的影响。

（2）对于国内支持规则的作用理论，值得进一步使用国际贸易理论及博弈理论进行拓展，以期能够找到研究国内支持政策与国际价格变化之间关系的数理表达和计量模型。对主要国家农业政策调整轨迹和经济发展之间的关系进行全面分析，以期获得更多有价值的农业政策国际保护路径与经验。

（3）对中国农户种粮行为的研究，尚有诸多值得探究之处，比如，中国如果实施新蓝箱政策，农户对政策的反应程度，以及观察农户行为改变程度与界定政策属性判断之间的关系等。

附　　录

附录1：主要国家和地区的农业发展水平

附表 1-1　1961—2010 年主要国家和地区每 100 千米² 可耕地拖拉机拥有量(台)

	1961—1970 年	1971—1975 年	1976—1980 年	1981—1985 年	1986—1990 年	1991—1995 年	1996—2000 年	2001—2005 年	2005—2010 年
美　国	**281**	277	263	249	247	236	250	265	273
英　国	641	671	714	755	752	—	—	—	—
德　国	1073	1300	1324	1362	1348	1132	912	838	—
法　国	551	770	818	842	817	748	695	669	635
荷　兰	1102	1949	2161	2257	2110	2009	1726	1508	1302
乌克兰	—	—	—	—	—	149	115	115	105
挪　威	872	1252	1502	1697	1765	1646	1514	1527	1539
韩　国	0	2	8	39	134	**413**	898	1115	—
日　本	206	872	2226	3315	4132	4352	4634	4532	—
加拿大	138	142	148	152	165	159	158	161	162
新西兰	305	328	334	352	315	—	—	—	—
澳大利亚	82	81	—	—	—	—	—	—	—
巴　西	41	59	98	132	141	144	139	133	129
智　利	90	84	86	97	123	174	**274**	338	399
阿根廷	71	68	67	77	95	97	91	88	—
印　度	4	11	20	31	49	74	111	129	—
印度尼西亚	0	0	1	2	2	3	2	2	—
马来西亚	31	53	74	82	131	**192**	—	—	—
俄罗斯	—	—	—	—	—	91	67	50	33
中　国	10	24	59	78	71	60	65	82	—

（续）

	1961—1970 年	1971—1975 年	1976—1980 年	1981—1985 年	1986—1990 年	1991—1995 年	1996—2000 年	2001—2005 年	2005—2010 年
欧　盟	385	548	636	718	777	765	769	751	712
高收入国家	284	342	406	432	—	467	476	—	—

注："—"表示缺失数据。

数据来源：世界银行数据库。

附表 1-2　1961—2010 年主要国家和地区农村人口占总人口比重（%）

	1961—1970 年	1971—1975 年	1976—1980 年	1981—1985 年	1986—1990 年	1991—1995 年	1996—2000 年	2001—2005 年	2005—2010 年
美　国	**28**	26	26	26	25	24	22	20	19
英　国	**22**	23	22	22	22	22	21	21	21
德　国	**28**	28	27	27	27	27	27	27	26
法　国	33	**28**	27	26	26	25	24	21	17
荷　兰	39	37	36	34	32	**29**	25	22	19
乌克兰	49	43	40	37	34	33	33	33	32
挪　威	42	33	30	29	**28**	27	25	23	22
韩　国	66	55	47	38	**30**	24	21	20	18
日　本	32	**26**	24	24	23	22	22	18	12
加拿大	**27**	24	24	24	24	22	21	20	20
新西兰	21	18	17	16	16	15	14	14	14
澳大利亚	16	14	14	14	15	14	13	12	11
巴　西	48	41	36	32	**28**	24	20	18	16
智　利	**28**	23	20	18	17	16	15	13	12
阿根廷	23	20	18	16	14	12	10	9	8
印　度	81	79	78	76	75	74	73	72	70
印度尼西亚	84	82	79	76	71	66	61	56	52
马来西亚	70	64	60	56	52	47	41	35	30
俄罗斯	—	—	—	—	—	27	27	27	27
中　国	82	83	81	79	75	71	66	61	54
欧　盟	36	33	32	31	30	29	29	**28**	27
高收入国家	33	30	29	28	26	25	24	22	21

注："—"表示缺失数据。

数据来源：世界银行数据库。

附表 1-3　1961—2010 年主要国家和地区单位面积谷物产量（吨/公顷）

	1961—1970 年	1971—1975 年	1976—1980 年	1981—1985 年	1986—1990 年	1991—1995 年	1996—2000 年	2001—2005 年	2005—2010 年
美　国	3.0	3.6	3.9	4.3	4.5	4.9	5.5	6.1	6.7
英　国	3.6	4.1	4.4	5.6	5.8	6.5	7.0	7.0	7.1
德　国	3.1	3.9	4.0	4.6	5.2	5.8	6.4	6.6	6.7
法　国	3.1	4.1	4.3	5.3	5.9	6.5	7.2	7.0	7.0
荷　兰	3.9	4.5	5.3	6.5	6.7	7.5	7.6	8.0	8.2
乌克兰	—	—	—	—	—	2.8	2.1	2.5	2.7
挪　威	2.7	3.2	3.5	3.8	3.6	3.6	3.9	3.9	3.9
韩　国	3.3	4.1	5.1	5.5	5.9	5.8	6.4	6.3	6.6
日　本	4.7	5.5	5.5	5.5	5.7	5.6	6.1	6.0	5.7
加拿大	1.7	2.0	2.2	2.3	2.3	2.6	2.8	2.8	3.2
新西兰	3.3	3.6	4.0	4.6	4.6	5.4	6.1	6.8	7.4
澳大利亚	1.2	1.3	1.3	1.4	1.6	1.7	2.0	1.9	1.6
巴　西	1.4	1.4	1.4	1.7	1.8	2.2	2.6	3.0	3.5
智　利	1.7	1.8	1.9	2.4	3.5	4.3	4.4	5.2	5.9
阿根廷	1.5	1.9	2.1	2.4	2.4	2.8	3.3	3.6	4.2
印　度	1.0	1.1	1.3	1.5	1.8	2.1	2.3	2.3	2.6
印度尼西亚	1.6	2.2	2.6	3.3	3.6	3.9	3.9	4.2	4.6
马来西亚	2.1	2.6	2.7	2.7	2.6	3.0	3.0	3.2	3.6
俄罗斯	—	—	—	—	—	1.5	1.5	1.8	2.0
中　国	1.7	2.3	2.8	3.6	4.0	4.5	4.9	5.0	5.4
欧　盟	2.4	3.1	3.4	3.9	4.2	4.2	4.6	4.7	4.9
高收入国家	2.6	3.1	3.3	3.7	3.9	4.2	4.6	4.8	5.1

注："—"表示缺失数据。

数据来源：世界银行数据库。

附录 2：有约束上限的 WTO 成员 AMS 使用率（实际 AMS/AMS 约束上限）（%）

成 员	1995年	1996年	1997年	1998年	1999年	2000年	2001年	2002年	2003年	2004年	2005年	2006年	2007年	2008年	2009年	2010年
澳大利亚	26.60	26.19	24.79	23.42	12.57	45.26	65.37	45.09	44.03	43.80	43.78	43.89	43.80	0.00	0.00	
加拿大	14.96	12.33	10.79	16.66	20.21	19.87	66.19	80.21	41.06	31.57	18.46	13.88	19.65	39.15	32.44	11.44
冰岛	78.69	71.21	74.18	177.64	99.56	102.77	90.55	100.85								
以色列	71.48	78.69	83.41	66.38	42.06	53.88	43.59	42.35	48.85	57.90	61.51	59.58	71.36	102.41	90.29	93.32
日本	73.06	71.84	70.94	17.81	18.07	17.83	16.78	18.37	16.15	15.30	14.93	14.38	10.49	13.10	14.22	
挪威	70.74	78.83	81.72	87.77	90.45	89.90	93.46	90.83	94.60	93.15	95.44	94.03	91.20	100.93	89.37	84.27
波兰	6.33	5.83	7.90	8.34	6.86	10.10	14.46	10.90	11.84							
瑞士	83.35	73.76	71.94	70.98	63.56	72.79	64.86	64.75	64.59	71.51	55.06	55.50	59.24	69.41	60.58	57.26
美国	26.92	26.46	29.03	50.21	84.74	88.17	75.81	50.45	36.38	60.87	67.75	40.53	32.77	32.74	22.34	21.56
欧盟	63.76	66.97	67.94	65.39	69.29	65.34	58.62	42.56	45.97	46.45	42.30	39.63	18.38	17.55	13.04	
韩国	95.09	93.44	95.48	80.07	82.78	94.05	94.80	94.31	93.92	97.88	2.19	65.37	2.45	2.22		
巴西	0.00	0.00	0.00	8.31	0.00	0.00	0.00	0.00	0.00	0.00	12.83	0.00	37.47	57.06	32.11	
保加利亚			0.72	2.62	1.83	2.67	5.00	11.54	10.42	15.48	15.40	10.60				
哥伦比亚	5.97	0.00	0.00	0.00	0.00	0.00	0.00	2.53	0.00	0.00	8.87	5.25	7.19	5.15	7.33	7.42

（续）

成员	1995年	1996年	1997年	1998年	1999年	2000年	2001年	2002年	2003年	2004年	2005年	2006年	2007年	2008年	2009年	2010年
哥斯达黎加	33.68	52.04	72.06	70.14	81.97	78.87	60.18	53.00	79.43	44.10	67.09	94.06	155.21	391.83	575.38	687.84
塞浦路斯	63.37	62.50	45.45	39.42	53.21	43.39	53.58	63.22	79.77							
捷克	7.01	10.63	6.88	6.87	30.69	37.21	40.38	35.36	67.95							
马其顿									28.83	64.42	23.93	89.57	96.93			
匈牙利	0.00	27.13	30.44	266.88	182.66	301.83	469.31	500.77	427.59							
约旦						1.66	0.00	51.22	0.00	18.82	0.00	44.77	96.91	0.00		
沙特阿拉伯												34.51	36.35	93.36	64.21	44.39
墨西哥	4.77	0.01	0.86	0.90	0.78	1.32	3.95	2.59	2.48	1.94	3.56	1.13	2.34			
摩尔多瓦							21.71	20.83	43.38	58.59						
摩洛哥	12.07	32.51	12.01	16.84	24.42	21.32	41.87	38.53	53.81	56.20						
斯洛伐克	58.03	59.02	72.67	70.19	66.49	77.76	74.28	20.08	21.52							
斯洛文尼亚	93.33	91.14	86.54	96.62	85.09	25.08	22.58	22.00	20.82							
南非	0.07	0.08	0.10	0.04	0.04	0.02	0.00	0.00	0.00	0.00	0.00	0.00	0.00	0.00	0.00	0.00
泰国	72.30	60.13	79.05	78.53	83.97	97.59	91.39	95.22	73.17	77.88	92.58	65.08	79.11			
突尼斯	86.81	76.43	81.13	94.29	45.85	0.00								0.00	0.00	
克罗地亚							58.42	78.88	75.31	76.64	87.28					

资料来源：WTO 网站。经作者整理得到。

附录 3：约束上限占农业产值的比重 （%）

成　员	1995年	1996年	1997年	1998年	1999年	2000年	2001年	2002年	2003年	2004年	2005年	2006年	2007年	2008年	2009年	2010年
澳大利亚			1.94	1.79	1.67	1.38	1.06	1.52	1.29	1.33	1.23	1.43	1.14	1.05	1.15	
美国	12.14	10.83	10.54	10.84	10.77	10.08	9.62	9.82	8.82	8.11	8.09	7.75	6.22	6.04	6.71	5.70
挪威											50.18	49.63	47.21			
加拿大	17.43	16.52	15.96	15.69	14.83	13.30	12.60	12.86	13.02	13.05	12.75	12.02	10.18	9.18	10.39	
保加利亚			21.77	15.82	14.88	15.04	13.58	18.22	19.64	18.24	18.86	18.14				
欧盟	37.95	34.77	34.02	33.63	29.74	27.61	27.27	27.66	25.13	24.11	24.74	22.86	20.54	19.52	22.21	
韩国		7.90	7.00	6.45	5.71	5.45	5.13	4.92	4.75	4.00	4.11	4.09	4.16	3.76		
日本	45.94	44.93	45.09	43.36	44.20	43.52	44.73	44.49	44.86	45.59	46.67	47.92	46.92	45.72	48.08	
以色列	18.58	17.17	17.84	17.55	19.33	17.87	17.95	18.09	16.34	14.56	13.06	12.08	10.17	8.13	8.74	8.01
巴西	1.87	2.04	1.73	1.70	2.47	2.26	2.48	2.52	2.06	1.68	1.79	1.58	1.22	0.95	1.11	
马其顿									1.67	1.68	1.61	1.51	1.52	1.00		
约旦						0.34	0.27	0.25	0.23	0.20	0.18	0.16	0.13			
沙特阿拉伯												9.00	8.62	8.68	8.49	8.25
墨西哥							39.14	40.56	37.98	34.87	36.90	34.86	32.19			
南非	7.81	6.62	4.75	5.11	4.74	4.11										
突尼斯			2.09	2.02	1.77	1.63	1.76	1.85	1.52	1.28	1.31	1.09	1.15	1.10	1.00	

资料来源：WTO 网站。经作者整理得到。

附录 4：WTO 主要成员的农业国内支持结构

成员	国内支持结构	1995年	1996年	1997年	1998年	1999年	2000年	2001年	2002年	2003年	2004年	2005年	2006年	2007年	2008年	2009年	2010年
澳大利亚（百万澳元）	现行 AMS	152	144	132	120	62	214	309	213	208	207	207	207	207			
	AMS 上限	570	551	531	511	492	472	472	472	472	472	472	472	472	472	472	
	绿箱	931	945	1256	1305	1335	1323	1409	1943	1990	1825	2089	2349	2772	2312	2233	
	非特定产品支持			1	1	4	1						0	145	162	60	
印度（百万美元）	绿箱	2196	2502	2873	2276	2493	2851	4002	5237	5883							
	非特定产品支持	5772	330	1004													
日本（10 亿日元）	现行 AMS	3508	5330	3171	767	748	709	667	730	642	608	593	571	417	520	565	
	AMS 上限	4801	4635	4470	4304	4138	3973	3973	3973	3973	3973	3973	3973	3973	3973	3973	
	绿箱	3169	2818	2652	3002	2686	2595	2547	2275	2086	2094	1916	1802	1882	1837	1848	
	蓝箱				50	93	93	91	87	68	68	65	70	42	32	22	
	非特定产品支持	24	26	24	22	22	21	20	20	18	17	18	19	83	138	160	
韩国（10 亿韩元）	现行 AMS	2075	1967	1937	1563	1552	1691	1631	1550	1472	1458	33	974	37	33		
	AMS 上限	2183	2106	2029	1952	1875	1798	1721	1644	1567	1490	1490	1490	1490	1490		
	绿箱	3990	5183	5796	5365	5456	5054	5668	6035	5689	4867	5220	4828	4586	4673		
	非特定产品支持	249	290	393	526	405	413	396	501	414	437	450	371	235	291		
美国（百万美元）	现行 AMS	6214	5898	6238	10392	16862	16843	14482	9637	6950	11629	12943	7742	6260	6255	4267	4120
	AMS 上限	23083	22287	21491	20695	19899	19103	19103	19103	19103	19103	19103	19103	19103	19103	19103	19103
	绿箱	46041	51825	51252	49820	49750	50057	50672	58322	64062	67425	72328	76035	76162	81585	103213	120531
	蓝箱	7030															
	非特定产品支持	1386	1115	567	4584	7406	7278	6828	5101	2801	5778	5862	3430	2023	9262	6074	5387
欧盟（百万欧元）	现行 AMS	50181	51163	50346	46947	48157	43909	39391	28598	30891	31214	28427	26632	12354	11796	8764	
	AMS 上限	78700	76400	74100	71800	69500	67200	67200	67200	67200	67200	67200	67200	67200	67200	67200	
	绿箱	18779	22130	18167	19168	21916	21848	20661	20404	22074	24392	40280	56530	62610	62825	63798	
	蓝箱	20846	21521	20443	20504	19792	22223	23726	24727	24782	27237	13445	5697	5166	5348	5324	
	非特定产品支持	777	728	486	348	291	538	574	938	1052	1087	1059	1407	852	758	598	

资料来源：WTO 数据库。

附录 5：中国农业政策支持体系

<table>
<tr><td rowspan="8">1.农民可直接获得补贴的政策</td><td>政策类别</td><td>具体政策</td><td>政策特点</td></tr>
<tr><td rowspan="2">直接收入补贴</td><td>种粮直接补贴</td><td>原则上发给从事粮食生产的农民，2004 年开始实施</td></tr>
<tr><td>农资综合补贴</td><td>用于弥补种粮农民增加的农业生产资料成本，2006 年开始实施</td></tr>
<tr><td rowspan="3">生产补贴</td><td>农机具购置补贴</td><td>对农民购买农机具给予补贴，2004 年开始实施</td></tr>
<tr><td>农业保险补贴</td><td>对农民购买农业保险给予一定补贴，2007 年开始试点</td></tr>
<tr><td>能繁母猪补贴政策</td><td>临时性政策，2007 和 2008 年实施</td></tr>
<tr><td rowspan="2">技术推广补贴</td><td>良种补贴</td><td>对购买优良作物品种给予补贴，2002 年开始实施</td></tr>
<tr><td>土壤有机质提升试点补贴</td><td>对农民施用有机肥等给予补贴，2010 年开始实施</td></tr>
</table>

<table>
<tr><td rowspan="3">2.价格支持政策</td><td>政策类别</td><td colspan="2">政策特点</td></tr>
<tr><td>最低收购价政策</td><td colspan="2">对主产区小麦、水稻制定最低收购价，当市场价格低于最低收购价时，政府以最低收购价收购，2005 年开始实施</td></tr>
<tr><td>临时收储政策</td><td colspan="2">临时性收购政策，属于国家储备收购计划的一部分，对主产区玉米、大豆、油菜籽等实行，2007 年开始实施</td></tr>
</table>

<table>
<tr><td rowspan="8">3.农民不可直接获得补贴的政策</td><td>政策类别</td><td>具体政策</td></tr>
<tr><td>技术推广补贴</td><td>测土配方施肥补贴</td></tr>
<tr><td>农业基础设施建设</td><td>加强小型农田水利建设政策，大型灌区节水改造政策</td></tr>
<tr><td>环境保护类政策</td><td>草原生态保护奖励政策，退耕还林补贴</td></tr>
<tr><td>标准示范推广类政策</td><td>生猪奶牛标准化规模养殖小区，建设高标准农田政策，粮棉油糖高产创建政策，旱作节水农业示范基地，菜篮子产品标准化生产政策</td></tr>
<tr><td>农产品市场建设</td><td>农产品批发市场建设政策，鲜活农产品绿色通道政策，鲜活农产品"农超对接"政策等</td></tr>
<tr><td>检验检疫防疫</td><td>农作物病虫害统防统治政策，重大动物疫病防控政策等</td></tr>
<tr><td>专项转移支付</td><td>产粮大县奖励，生猪调出大县奖励等</td></tr>
</table>

资料来源：历年中央 1 号文件。经作者整理得到。

附录 6：中国农业直补政策与 WTO 国内支持规则的对接

作为 WTO 成员之一，中国在向 WTO 做出国内支持情况通报之前，需要首先梳理中国的农业政策，并将其与 WTO 规则对接，即需要判断中国主要农业补贴政策可能具有的箱体属性。这项工作并非易事，需要详细了解 WTO 国内支持规则，并配以资料证实和原因说明。乌拉圭回合《农业协定》中涉及国内支持的条款包括：第 1 条 "术语定义" 中的（a）～（d），第 6～7 条，附件 2～4。这里将依据这些条款，逐一比较中国直补政策与国内支持规则不匹配之处。

一、种粮直补政策

（1）政策背景与目标。2004 年中央 1 号文件提出，主要对粮食主产区的种粮农民实行直接补贴，也鼓励非主产区对种粮农民实行补贴，旨在补偿粮食生产成本并使种粮农民获得适当收益，以利于调动农民种粮积极性、促进粮食生产。

（2）相关文件。相关文件有 3 个：2004 年《关于实行对种粮农民直接补贴，调整粮食风险基金使用范围的实施意见》（以下简称 "直补文件 1"），2004 年《国务院关于进一步深化粮食流通体制改革的意见》（以下简称 "直补文件 2"），2005 年《关于进一步完善对种粮农民直接补贴政策的意见》（以下简称 "直补文件 3"）。

（3）直接补贴的实施办法。直补文件 1 中指出，"实行对种粮农民直接补贴有 3 种方式可供选择，即：按计税面积补贴、按计税常产补贴、按粮食种植面积补贴"。直补文件 3 中指出，"鼓励粮食主产省、自治区的补贴方式原则上按种粮农户的实际种植面积补贴，如采取其他补贴方式，也要剔除不种粮的因素，尽可能做到与种植面积接近"。粮食种植面积的核定有两种方法。方法一：为了减轻核实实际种粮面积的工作量和难度，可以采取在计税面积基础上，剔除半年内不能恢复粮食生产的经济作物和养殖面积（如桑、茶、果树、鱼塘等）的方法。方法二：为了减少因粮食复种带来的核实面积的工作量和难度，可采取只核查现在实行保护价保护的粮食品种的种植面积的方法。

在具体操作方式方面，直补文件 1 列出了详细思路。先以县（市）为单位确定补贴粮食的总量，再依据某个标准确定农户所能获得补贴的粮食数量，然后根据市场价格和目标价格之差确定补贴的价差，算出每个农户应享有的补贴总额。现行国务院文件规定的保护价保护的品种和范围为：长江中游地区的中、晚稻谷，东北地区的优等稻谷，黄淮海地区的小麦，东北地区和内蒙古东部的玉米。按此核定农户享受补贴的种粮面积，只对受保护价保护的品种进行补贴。

基于这些政策，中国各省份的操作方式并不完全一致，主要包括两种方式：按照实际种植面积补贴，按照基期面积进行补贴。近两年，按照基期面积补贴的省份数量在增加。

从补贴标准看，2004—2007 年补贴总额和补贴标准在逐渐提高，2008 年以来，补贴总额和补贴标准几乎不再调整；2004 年政策允许固定基期或者以当年种植面积为准，2005 年政策鼓励原则上按实际种植面积补贴。

中国种粮直补政策可能的争议出现在直接补贴政策是否可被归入绿箱中不挂钩直接支付（附件 2 的第 5～13 条），如果不符合绿箱的要求，则应该被计入黄箱支持量中。是否归入绿箱取决于补贴方式是否符合绿箱要求。下面依照绿箱条款逐一检查中国的种粮直补政策。

通过附表 6-1 可以看出，中国种粮直补政策符合了绿箱中的"不挂钩支付"项目的大部分要求，只有个别省份存在按照实际种植面积补贴的情况，使得补贴可能与生产挂钩。另外，从国家层面种粮直补政策"2005 年《关于进一步完善对种粮农民直接补贴政策的意见》"来看，其中要求"原则上按种粮农户的实际种植面积补贴，如采取其他补贴方式，也要剔除不种粮的因素，尽可能做到与种植面积接近"。这一措施不符合绿箱条款要求。由此可见，无论把种粮直补归入绿箱还是黄箱，都有一定的理由，又都不完全。

附表 6-1　种粮直补政策与绿箱条款的对照

国内支持条款		中国种粮直补政策是否符合及理由
附件2第1条：总体条件	（a）所涉支持应通过政府提供资金的计划提供（包括已放弃的政府财税收入），而不涉及来自消费者的转移。	符合。 按照土地所有者身份进行补贴。
	（b）所涉支持不应具有对生产者提供价格支持的作用。	符合。 没有价格支持。
附件2第6条：不挂钩收入支持	（a）获得此类支付的资格应由明确规定的标准确定，如收入、生产者或土地所有者的身份、限定的和固定的基期内生产要素利用或生产水平。	基本符合。 具有明确的资格标准——种粮农民。
	（b）在任何给定年度中此类支付的数额不得与生产者在基期后任何一年从事的生产的类型或产量（包括牲畜头数）有关，或以此种类型或产量为基础。	不完全符合。 部分省份按照固定基期的种植面积进行补贴，部分省份则按照当年实际种植面积补贴。
	（c）在任何给定年度中此类支付的数额不得与适用于基期后任何一年从事的生产的国际或国内价格有关，或以此种价格为基础。	符合。 与价格完全无关。
	（d）在任何给定年度中此类支付的数额不得与基期后任何一年使用的生产要素有关，或以此种要素为基础。	符合。 与生产要素完全无关。
	（e）不得要求以进行生产作为获得此类支付的条件。	符合。 中国并无此要求。

资料来源：网络资料。经作者整理得到。

二、农资综合直补政策

（1）背景和目标。2006 年之前中国对农业投入品的补贴主要是补给生产资料生产者，2006 年开始实施农资综合直补政策，对农民直接补贴生产资料价格上涨带来的影响。农资综合直补是对种粮农民的直接补贴，主要目的是有效缓解农资价格上涨对农民种粮的影响，减少种粮成本，保障种粮合理收益。2006—2008 年，补贴的投入品包括化肥、柴油、农药、农膜等农资预计增支因素；2009 年开始实施动态调整机制，补贴标准主要依据化肥和柴油价格的变化。

（2）相关文件。2006 年"财政部关于对种粮农民柴油、化肥等农业生产资料增支实行综合直补的通知"（简称"综合直补文件1"），2007 年《财政部关于做好 2007 年对种粮农民农资综合直补工作的通知》（简称"综合直补文件 2"），2008 年《财政部关于做好 2008 年对种粮农民农资综合直补工作的通知》（简称"综合直补文件 3"），2009 年《关于进一步完善农资综合补贴动态调整机制的实施意见》（简称"综合直补文件 4"）。

（3）补贴内容。对种粮农民（含国有农场的种粮职工，下同）因成品油价格调整增支给予补贴，并综合考虑化肥、农药、农膜等农资预计增支因素，在原定由粮食风险基金安排的粮食直补资金基础上，中央财政再新增补贴资金，对种粮农民柴油、化肥等农资预计增支实行综合直补。

（4）补贴标准。实行动态调整，坚持"价补统筹、动态调整、只增不减"的基本原则……初始基期参考 2008 年农资价格水平，考虑有关因素确定。以后年份，农资价格上涨，全国粮食亩均化肥、柴油支出高于初始基期水平，则以该年作为新的基期年，基期滚动调整……确定每年种粮农资增支。与基期相比，每年全国粮食亩均化肥增支，主要依据国家发展和改革委员会农产品成本收益调查数据确定，并根据粮食播种面积测算全国种粮化肥增支总额；柴油增支，主要依据农业部提供的全国种粮柴油使用总量及国家统一调整成品油价格调价幅度、调价时间，测算种粮柴油增支总额，并根据全国粮食播种面积测算亩均种粮柴油增支额……综合考虑当年农资价格和粮食价格变化以及国家财力情况，确定次年农资综合补贴规模。与基期相比，当年化肥、柴油价格上涨影响农民种粮增支较多时，在基期补贴存量的基础上适当增加农资综合补贴；当年农资价格变动影响农民种粮增支基本不增加时，原则上保持基期补贴存量不变；连续 3 年粮食亩均化肥、柴油支出不高于基期水平，可以统筹当年财力情况适当增加农资综合补贴（综合直补文件 4）。

（5）补贴方式。补贴资金全部用于补助种粮农民，并充分利用已建立的粮食直补渠道，直接拨付到农户，不增加中间环节。根据此条款要求，各地的农资综合直补途径与种粮直补途径基本一致。

对于农资综合补贴政策，是中国针对投入品价格上涨给予农民的收入补偿支付，发放途径与种粮直补的发放途径一致，即按照固定年份的种植面积发放补贴。补贴标准与当年柴油和化肥的价格相关，补贴范围和总额在逐年提高。采取的补贴方式是在春耕开始前向农户预拨款项，直接发放给农民。

附表 6-2 将农资综合直补政策与绿箱不挂钩直接支付条款进行了逐一对照，发现农资综合直补的性质与种粮直补的性质完全一致，基本符合绿箱条款的要求。如果将农资综合直补归入绿箱，则不用详细讨论第二点争议之处。如果将农资综合直补归入黄箱，则需要从另一个角度解释这一局部现象。

与种粮直补政策相似，很难断定中国的农资综合直补政策应该归于哪个箱体。目前中国向 WTO 的通报中将其归入黄箱。但将其归入绿箱也有一定的理由，如发放是基于固定年份的种植面积，采用直接支付方式，不限定获得补贴的农民使用任何生产要素，与农户的生产决策不挂钩等。

附表 6-2　农资综合直补政策与绿箱条款的对照

国内支持条款		中国农资综合直补政策是否符合及理由
附件2第1条：总体条件	（a）所涉支持应通过政府提供资金的计划提供（包括已放弃的政府财税收入），而不涉及来自消费者的转移。	符合。国务院及财政部文件。
	（b）所涉支持不应具有对生产者提供价格支持的作用。	符合。没有价格支持。

（续）

	国内支持条款	中国农资综合直补政策是否符合及理由
附件2第6条：不挂钩收入支持	（a）获得此类支付的资格应由明确规定的标准确定，如收入、生产者或土地所有者的身份、限定的和固定的基期内生产要素利用或生产水平。	基本符合。 按照土地所有者身份进行补贴。
	（b）在任何给定年度中此类支付的数额不得与生产者在基期后任何一年从事的生产的类型或产量（包括牲畜头数）有关，或以此种类型或产量为基础。	不完全符合。 补贴途径同种粮直补。部分省份按照当年实际种植面积补贴。
	（c）在任何给定年度中此类支付的数额不得与适用于基期后任何一年从事的生产的国际或国内价格有关，或以此种价格为基础。	符合。 与产品价格完全无关。
	（d）在任何给定年度中此类支付的数额不得与基期后任何一年使用的生产要素有关，或以此种要素为基础。	符合。 农户获得农资综合直接支付的权利，并不与当年农户购买或使用的生产要素相挂钩。
	（e）不得要求以进行生产作为获得此类支付的条件。	符合。 中国并无此要求。

附录7：中国主要农产品支持水平及趋势[①]

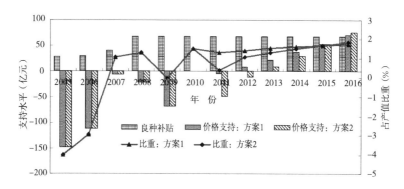

附图 7-1　中国水稻支持水平的趋势

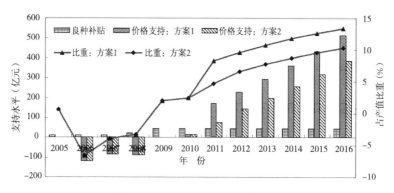

附图 7-2　中国小麦支持水平的趋势

① 本部分数据来自作者的测算。

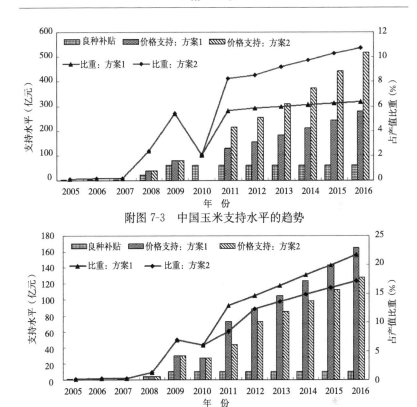

附图 7-3　中国玉米支持水平的趋势

附图 7-4　中国大豆支持水平的趋势

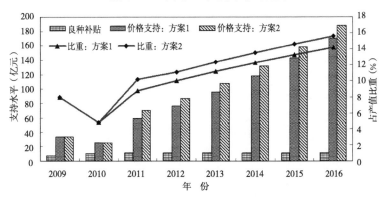

附图 7-5　中国油菜籽支持水平的趋势

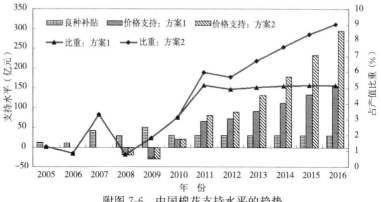

附图 7-6　中国棉花支持水平的趋势

附　录

附录 8：小麦劳动生产率的计算

为得到小麦的劳动生产率，使用超越对数模型来估计生产函数。超越对数函数时对任意未知函数的一种二阶近似表达，它可以同时允许边际产出和产出弹性系数可变，因此具有比 C-D 函数更高的灵活性。其基本形式为：

$$\ln Y = \alpha + \sum \beta_i \ln X_i + \sum \chi_i (\ln X_i)^2 +$$
$$\sum \delta_{ij}(\ln X_i)(\ln X_j) + \varepsilon \tag{1}$$

式中，i，$j = 1$，2，3，$\cdots$，m；Y 表示产出，X 表示投入要素，共有 m 个投入要素。对于第 n 个投入要素 X_n，其产出弹性 $e_n = \beta_n + 2\chi_n \ln X_n + \sum \delta_{nj} \ln X_j$，边际产出 $MP_n = e_n Y/X_n$。可以看出，如果 χ_i、δ_i 不全为零，X_n 的产出弹性及边际产出将不仅与本要素投入和产出有关，还与其他要素投入相关。

河北省小麦生产函数估计结果见附表 8-1。出于模型估计效果及避免自由度过度损失的角度，对包括全部投入要素的小麦生产超越对数模型进行过多次比较和选择，最终得到的解释力较强且具有经济学意义的模型 1 和模型 2。模型 2 在模型 1 的基础上，将"灌溉化肥交叉项"纳入模型，使得化肥投入系数由 0.14 升为 0.55，劳动、机械及"劳动化肥交叉项"系数无显著变化。对模型 1 和模型 2 进行 BP 检验后，发现存在异方差现象，于是使用模型 1 估计的残差平方和的倒数作为加权变量，使用加权最小二乘法进行估计，得到矫正后的模型 1^* 和模型 2^*。可以看到，矫正异方差后，模型系数都有所收敛。因此，本书选自模型 2^* 作为测算小麦劳动生产率模型。模型 2^* 变量均在 10% 显著性水平下显著，F 统计量的 P 值（Prod$>F$）为 0.0011，拒绝模型系数均为零的原假设，表明模型整体显著性好。交叉项系数不为零，说明两项投入同时起作用。模型表达式为：

· 187 ·

$$\text{Prod} = 2.826 + 0.467L + 0.533\text{Fert} -$$
$$0.096(L \times \text{Fert}) - 0.03\text{Pest} + 0.075\text{Seed} + \quad (2)$$
$$0.519\text{Irri} + 0.170\text{Mach} - 0.096(\text{Irri} \times \text{Fert})$$

从小麦的生产函数，得到了一些不同于以往研究的结论。如今种地，农户对短期资本投入量比较大，但是劳动投入可能相应不足。

附表 8-1　小麦生产函数估计结果

	模型 1	模型 2	模型 1*	模型 2*
劳动	0.566*	0.502*	0.518**	0.467*
化肥	0.141**	0.546**	0.128**	0.533**
劳动×化肥	−0.117**	−0.104**	−0.106**	−0.096**
农药	−0.037**	−0.036*	−0.033**	−0.032*
种子	0.084**	0.080*	0.079**	0.075*
灌溉	0.036	0.522*	0.036	0.519*
机械	0.236**	0.231**	0.184*	0.179*
灌溉×化肥		−0.097		−0.096*
常数项	4.501***	2.500*	4.829***	2.826**
样本数	254	254	254	254
调整 R^2	0.124	0.133	0.117	0.127

注：*** $P<0.01$，表示在 1％的置信区间可信，** $P<0.05$，表示在 5％的置信区间可信，* $P<0.1$ 表示在 10％的置信区间可信。

附录9：农业补贴政策调查问卷

说明：本问卷主要是为了了解粮食主产区的粮食生产和补贴，以及购买农业机械的情况；收集的数据仅用于研究，绝不会泄露您的私人信息。希望能得到您的支持和配合。谢谢！

河北省_____县（区）_____乡（镇）_____村_____组

调研员_____ 受访者姓名_____ 调查时间_____

一、农户户主及家庭特征

1.1 家中共有____口人，劳动力____人（学生、军人除外），外出打工的有____人，农业劳动力____人。

项目	性别(1=男；0=女)	年龄(岁)	上学年数(年)	是否村干部(1=是；0=否)	职业	非农工作时间(月/年)	非农工作收入(元/月)	参与农业劳动时间(天/年)
户主								
配偶								
子/女								
子/女								

1.2 您家是否有成员或亲戚（三代以内）在县或乡的政府部门工作？（1=是；0=否）

二、农户家庭生产性固定资产情况

名称	数量	购买年份	原值(元)	现值(元)	名称	数量	购买年份	原值(元)	现值(元)
运输汽车					耕牛				
拖拉机(运输用)					母猪(用于繁殖)				
耕作机械					农用三轮车				

（续）

名称	数量	购买年份	原值（元）	现值（元）	名称	数量	购买年份	原值（元）	现值（元）
播种机械									
收割机械									
抽水机械									

三、农户生产投入情况

3.1 去年耕地总面积是＿＿＿亩，其中自家承包面积是＿＿＿亩，租赁了别人的＿＿＿亩，平地＿＿＿亩；去年种小麦＿＿＿亩，玉米＿＿＿亩；今年种小麦＿＿＿亩，玉米＿＿＿亩。

3.2 自 2004 年以来，您家耕地总面积有变化吗？（1＝变多；2＝变少；3＝没变）。变化的原因是＿＿＿＿＿＿＿＿＿＿＿＿＿＿＿＿＿＿＿＿＿＿＿＿＿＿＿＿＿＿＿＿＿（记录原话要点）。

现在与 2004 年比，小麦种植面积有什么变化？（1＝变多；2＝变少；3＝没变）。2004 年种＿＿＿亩。小麦面积变化来自总面积的增加/减少，还是因为少种/多种了其他作物？（1＝总面积；2＝其他作物；3＝两者都是）

现在与 2004 年比，玉米种植面积有什么变化？（1＝变多；2＝变少；3＝没变）。2004 年种＿＿＿亩。玉米面积变化来自总面积的增加/减少，还是因为少种/多种了其他作物？（1＝总面积；2＝其他作物）

2004 年的时候，除了种小麦和玉米，还主要有什么其他作物？＿＿＿；种了＿＿＿亩。

3.3 去年粮食作物每亩生产资料投入情况：

作物	化肥总费用（元）	施肥量（斤/亩）				用种量（斤/亩）	种子支出（元）	灌溉支出（元）	农药支出（元）	其他(地膜等)(元)
		二铵	尿素	复合肥	磷肥					
小麦										
玉米										

注：斤为非法定计量单位，1 斤＝500 克。

3.4 去年机械作业情况：

	小麦耕地	小麦播种	小麦收获	玉米耕地	玉米播种	玉米收获	秸秆粉碎还田
机械作业面积（亩）							
作业成本（元/亩）							
从哪年开始使用机械							
与那时相比现在的机械作业面积有何变化？（1＝变多；2＝变少；3＝不变）							

您家雇佣农机作业方便吗？（1＝不方便；2＝不太方便；3＝一般；4＝比较方便；5＝很方便）

针对没有采用或面积减少的环节询问原因？（1＝作业价格贵；2＝机械少；3＝种植面积减少）

3.5 去年您家种的小麦用____天工？种的玉米用____天工？

您家的农业劳动力够用吗？（1＝够；0＝不够）

如果不够，农忙时，您家有没有雇过人帮忙？（1＝有；0＝否）

去年雇人干了几天活？____工日；雇人干什么活？_____；每天给人____元；雇工总共花了多少钱？_____元。

本地是否容易找到打工的工作？（1＝是；2＝否）

您要是打工的话，大约每天可以挣_____元。

3.6 去年小麦和玉米生产与补贴前（2004 年）相比，每亩投入有什么变化？

投入项目	劳动投入时间（工日/年）	施化肥量（斤/亩）				用种量（斤/亩）
小麦	增、减、不变 _____	增、减、不变				增、减、不变 _____
		二铵	尿素	复合肥	磷肥	
玉米	增、减、不变 _____	增、减、不变				增、减、不变 _____
		二铵	尿素	复合肥	磷肥	

3.7 在未来的农业生产中，您愿意减少每亩的化肥使用量吗？（1＝愿意；2＝不愿意）

3.8 您觉得从 2004 年以来，在种植小麦和玉米上，哪几项技术进步比较显著？（可多选）（1＝播种机械化水平；2＝收割机械化水平；3＝施肥技术；4＝灌溉技术；5＝病虫害防治技术；6＝杂草控制技术；7＝其他）

您最希望哪项技术得到改进？＿＿＿＿＿＿（填技术代码）

四、农户粮食产出情况

4.1 去年（2010 年）粮食产出及销售情况：

作物名称	单产（斤/亩）	价格（元/斤）	粮食出路：自用及卖给各收购商的比例（％）				
			自家食用量	上门收购商贩	卖给镇粮站	饲料加工厂	其他
小麦							
玉米							

4.2 去年您家的粮食单产水平在全村处于哪个层次？（1＝较高水平；2＝中等水平；3＝下等水平）

如果不是处于较高水平，差距来自哪里？（可多选）（1＝地块质量差异；2＝化肥投入差距；3＝灌溉条件差距；4＝种子质量差距；5＝劳动投入差距；6＝其他方面的差距＿＿＿＿＿＿）

4.3 近几年，您家小麦平均单产为＿＿＿＿＿＿斤/亩，玉米平均单产为＿＿＿＿＿＿斤/亩；

2004 年（发补贴的前两年）您家小麦单产为＿＿＿＿＿＿斤/亩，玉米单产为＿＿＿＿＿＿斤/亩。

4.4 您觉得使用农机播种对粮食增产有影响吗？（1＝无影响；2＝较少；3＝一般；4＝较大；5＝很大）

您觉得进行秸秆还田对粮食增产有影响吗？（1＝无影响；2＝较少；3＝一般；4＝较大；5＝很大）

4.5 各类销售渠道的收购价格差距：卖给上门收购的商贩比自己拉到镇上便宜＿＿＿元/斤（吨）；

卖给上门收购的商贩比自己拉到饲料加工门市或者养殖场便宜/贵____元/斤（吨）。

4.6 您觉得是小麦的市场价格波动大，还是玉米的市场价格波动大？（1＝小麦；2＝玉米）

您会因为粮食涨价就多种粮食吗？（1＝是；2＝否）

4.7 您觉得种粮是否划算？ _____ （是＝1；否＝0）。如果不划算，请问为什么还坚持种粮？

_____

_____（记录原话要点）。

4.8 去年您家农业生产中有没有受过灾？（1＝有；0＝否）。有多大比例的耕地成灾？ ____％。

前年您家农业生产中有没有受过灾？（1＝有；0＝否）。有多大比例的耕地成灾？ ____％。

4.9 除了小麦和玉米，去年您家还主要种植其他什么作物？（棉花、大豆、蔬菜、果树等）

请回忆该作物的投入产出情况（生产资料投入包括化肥、种子、农药、地膜等）：

作物名称	种植面积（亩）	单产（斤/亩）	销售价格（元/斤）	销售收入（元）	用工（天）	生产资料投入（元）	使用机械费用（元）	补贴（元）

4.10 去年家中养殖收入大概有多少元？ ____元。（如果没有养殖填"0"）

4.11 去年全年您家总收入大概是多少元？（1＝5000元以下；2＝5000～1万元；3＝1万～2万元；4＝2万～3万元；5＝3万～5万元；6＝5万元以上）

去年家庭总支出在什么水平？ _____。其中，生活消费支出_____元，耐用消费品支出_____元，教育支出_____元，医疗支出_____元，其他支出_____（项目）_____元。

4.12 去年您家种地赚的钱占总收入的比例有多少？_____％。

4.13 您家现在有没有借贷？ （1＝有；0＝无）。借了多少钱？_____，借贷渠道_____。

五、粮食补贴发放情况及对补贴政策的认知、评价和意愿

5.1 您听说过/了解下列哪些粮食相关的补贴项目？（可多选）（1＝种粮直接补贴；2＝良种补贴；3＝农资综合补贴或生产资料补贴；4＝种粮大户补贴）

从哪些渠道知道补贴政策？____（可多选）（1＝广播、电视；2＝报纸；3＝邻居或朋友；4＝村干部；5＝网络）

您拿到的补贴包括哪些项目？____（填写代码）。有没有获得过生产资料补贴？（没有；有）。是否清楚去年补给您家多少钱？____（1＝清楚；0＝不清楚），清楚者请填写下表。

年份	种粮直补		农资综合直补		每亩补贴额（元）
	补贴总额（元）	补贴亩数（亩）	补贴总额（元）	补贴亩数（亩）	
2010					
2009					

5.2 去年您家哪些作物享有良种补贴？（1＝小麦；2＝玉米；3＝棉花；4＝大豆；5＝油菜）

小麦良种补贴的发放方式？（1＝按实际种植面积；2＝按承包面积；3＝差价购买）

玉米良种补贴的发放方式？（1＝按实际种植面积；2＝按承包面积；3＝差价购买）

5.3 去年您家补贴面积是怎么确定的？（0＝不知道；1＝去年种粮面积；2＝承包面积；3＝粮食产量）

（如果是按照实际种粮面积）村里如何确定种粮面积？关键环节：（1＝农户申报；2＝村委丈量面积；3＝村里张榜公示）

（如果有农户申报这一环节）大家申报的面积与实际种植面积

是否一样？（1＝是；0＝否）

5.4 如果您家明年多种 1 亩粮食，种粮直补是否会增加？（1＝是；0＝否）。生产资料补贴是否会增加？（1＝是；0＝否）

如果您家明年改为种植棉花，补贴是否会减少？（1＝是；0＝否）

5.5 补贴对您扩大种粮面积有多大影响？（1＝无影响；2＝较小；3＝中等；4＝较大；5＝非常大）

补贴对您买生产资料有多大影响？（1＝无影响；2＝较小；3＝中等；4＝较大；5＝非常大）

5.6 生产资料补贴以哪种形式发更好？（1＝现金；2＝实物）

5.7 补贴的种子和不补贴的种子，在质量上有什么区别？（1＝补贴的质量好；2＝不补的质量好；3＝差不多）

5.8 补贴和价格，您认为哪个对您种粮收入的影响最大？（1＝直接补贴；2＝粮食价格）

5.9 村里会不会有人因为拿到种粮补贴就不出去或少出去打工了？（1＝会；2＝不会）

5.10 补贴能按时发放吗？（1＝是；0＝否）据您了解，本村发生过克扣补贴的现象吗？（1＝是；2＝否；3＝不了解）。如果对补贴有意见，上访容易吗？（1＝非常容易；2＝比较容易；3＝一般；4＝比较困难；5＝非常困难）

六、粮食政策的假设方案

（一）粮食补贴政策方案

【假设您村内现在有很大一片空闲耕地，您可以申请承包耕种，那么：】

6.1 您是不是愿意多种几亩粮食？（不变＝0；扩大＝1；缩小＝2），请分情况填写。

针对愿意扩大面积的农户	针对面积不变或者缩小的农户
愿意扩大＿＿＿ 亩？	愿意缩小＿＿＿ 亩？（不变填"0"）

（续）

针对愿意扩大面积的农户	针对面积不变或者缩小的农户
为什么？＿＿＿＿＿＿＿＿＿＿＿＿＿ ＿＿＿＿＿＿＿＿＿＿＿＿＿＿＿＿＿ ＿＿＿＿＿＿＿＿＿＿＿＿＿＿＿＿＿	为什么？＿＿＿＿＿＿＿＿＿＿＿＿＿ ＿＿＿＿＿＿＿＿＿＿＿＿＿＿＿＿＿ ＿＿＿＿＿＿＿＿＿＿＿＿＿＿＿＿＿
如果每亩补贴额增加 1 倍，您愿意扩大多少亩？＿＿＿ 亩。	每亩补贴增加到多少您会考虑扩大面积？（1＝1 倍；2＝2 倍；3＝3 倍以上；0＝无论怎样都不扩大）

6.2 您是否愿意增加每亩资金投入来获得更高的粮食产出？（1＝是；0＝否）

如果补贴水平提高 1 倍，您的选择？（1＝是；0＝否）。＿＿＿＿＿

＿＿＿＿＿＿＿＿＿（原因）。

6.3 假设现在有两种可以使粮食单产增加二成的方法，您更偏向于哪种？（1＝增大劳动投入；2＝增加资金投入）

如果补贴水平提高 1 倍，您的选择是？（1＝增大劳动投入；2＝增加资金投入）

6.4 针对按照实际种植面积发放的情况：

如果补贴政策改为按照承包面积补贴，不管耕地上是否种粮食，都发补贴。那么，您是否会扩大种粮面积？（不变＝0；扩大＝1；缩小＝2）

（针对选择不变或者缩小的农户）如果将补贴水平提高 1 倍，您的选择？（不变＝0；扩大＝1；缩小＝2）

6.5 针对按照不变面积发放的情况：

如果补贴政策改为多种多补、少种少补，那么，您是否会扩大种粮面积？（不变＝0；扩大＝1；缩小＝2）

（针对选择不变或者缩小的农户）如果将补贴水平提高 1 倍，您的选择？（不变＝0；扩大＝1；缩小＝2）

（二）小麦收购价格政策方案

6.6 您知道粮食最低收购价政策吗？（1＝知道；2＝不知道）

（如果不知道，给农户介绍）

6.7 您觉得现在小麦最低收购价水平怎么样？（1＝偏高；2＝偏低；3＝正好）

6.8 您认为目前国家的粮食政策中，哪项政策对您种粮影响程度最大？（1＝直补补贴政策；2＝良种补贴政策；3＝最低收购价政策）

6.9 假设现在价格政策进行了调整，价格低的时候，国家不是以最低价来收购，而是根据当地平均产量，以及最低收购价和市场价格之间的价格差（比如每斤1毛）给您发补贴。您更喜欢哪种方式？（1＝最低收购价；2＝发补贴；3＝都可以）

如果平均来看，发补贴和最低收购价使您得到的收入差不多，您倾向于哪种方式？（1＝最低收购价；2＝发补贴；3＝都可以）

（针对选择发补贴或两种方法都可以的农户）您希望补贴的产量标准隔几年调整一次？（1＝每年调整一次；2＝每2~5年调整一次；3＝固定后不再调整）

6.10 要是没有了最低收购价政策，补贴发放标准每隔5年调整一次。您会不会减少粮食种植面积？（0＝肯定不会；1＝不太可能；2＝有可能；3＝肯定会）

6.11 要是没有了最低收购价政策，发的补贴是根据您前5年的粮食种植水平来定，跟今年及以后的粮食种植面积都没关系。您会不会减少粮食种植面积？（0＝肯定不会；1＝不太可能；2＝有可能；3＝肯定会）

（问卷结束，感谢您的大力支持！）

参 考 文 献

白舒婕，2001. 对种粮行为发生变化的思考［N］. 新农村商报，2011-08-03.

蔡昉，2006. 工业反哺农业，城市支持农村的经济学分析［J］. 中国农村经济（1）：11-17.

蔡昉，王美艳，2007. 农村劳动力剩余及其相关事实的重新考察——一个反设事实法的应用［J］. 中国农村经济（10）：4-12.

陈风波，丁士军，2006. 农村劳动力非农化与种植模式变迁——以江汉平原稻农水稻种植为例［J］. 南方经济（9）：43-52.

陈风波，丁士军，2007. 水稻投入产出与稻农技术需求——对江苏和湖北的调查［J］. 农业技术经济（6）：44-50.

崔卫杰，程国强，2007. 多哈回合农业国内支持谈判方案的评估［J］. 管理世界（5）：56-62.

丹尼尔·艾斯蒂，2005. 世界贸易组织的正当性危机［J］. 孙皓琛，译. 武大国际法评论（1）：229-246.

迪克西特，2004. 经济政策的制定：交易成本政治学的视角［M］. 刘元春，译. 北京：中国人民大学出版社.

冯海发，1996. 反哺农业的国际经验及其我国的选择［J］. 经济问题（4）：38-42.

弗兰克·艾利思，2006. 农民经济学［M］. 上海：上海人民出版社.

格里科，伊肯伯里，2008. 国家权力与世界市场：国际政治经济学［M］. 王展鹏，译. 北京：北京大学出版社.

葛声，2010. WTO《农业协定》农业国内支持规则探析［J］. 安徽农业科学（8）：4389-4390.

贡锡锋，2004. 我国加入 WTO 后农业知识产权保护和技术贸易对策研究［D］. 北京：中国农业大学.

郭丽楠，田志宏，2013. WTO 成员农业国内支持规则的约束效率探析［J］. 世界农业（5）：106-110.

郭丽楠，徐明，田志宏，2018. WTO 视角下农业国内保护水平测度指标比较研究 [J]. 世界农业（3）：63-70.

郭云，2007. 世界贸易组织的现状、问题和发展趋势 [J]. 黑龙江对外经贸（2）：34-35.

柯柄生，2008. 工业反哺农业的理论与实践研究 [M]. 北京：人民出版社.

科依勒·贝格威尔，罗伯特·W. 思泰格尔，2005. 世界贸易体系经济学 [M]. 雷达，詹宏毅，译. 北京：中国人民大学出版社.

克鲁格曼，奥伯斯法尔德，2006. 国际经济学：理论与政策：上册 [M]. 海闻，等，译. 6 版. 北京：中国人民大学出版社.

蓝海涛，2001. 国际农业贸易制度与中国农业政策调整 [D]. 南京：南京农业大学.

李钢，2000. 西方国际制度理论探析 [J]. 世界经济与政治（2）：26-29.

李谷成，等，2009. 小农户真的更加具有效率吗？来自湖北省的经验证据 [J]. 经济学季刊（10），95-124.

李亮，2008. WTO《农业协定》与中国农业国内支持制度研究 [D]. 北京：中国政法大学.

李鹏，孙东升，2007. 美、日、欧农业国内支持政策的特点及其启示 [J]. 世界农业（1）：1-3.

李勤昌，2010a. 欧盟农产品贸易保护制度的政治经济学分析 [J]. 国际贸易问题（3）：43-52.

李勤昌，2010b. WTO 农产品贸易制度改革障碍、前景与启示 [J]. 财经问题研究（4）：101-106.

李维林，2010. 转轨期中国农业补贴及其效应研究 [D]. 济南：山东大学.

李晓玲，2007. WTO 框架下的农业补贴纪律 [D]. 上海：华东政法大学.

刘俊敏，2007.《卫生措施协定》下食品贸易与公共健康的协调 [D]. 北京：对外经济贸易大学.

刘克春，2010. 粮食生产补贴政策对农户粮食种植决策行为的影响与作用机理分析——以江西省为例 [J]. 中国农村经济（2）：12-21.

刘顺国，2009. 对农民种粮积极性的分析与思考 [J]. 调研世界（8）：14＋34-35.

卢锋，1998. 我国是否应当实行农业保护政策——外国农业保护政策的经验教训与启示 [J]. 战略与管理（6）：56-64.

马草原，2009. 非农收入、农业效率与农业投资——对我国农村劳动力转移

格局的反思 [J]. 经济问题 (7)：66-69＋73.

马丁，西蒙斯，2006. 国际制度 [M]. 黄仁伟，等，译. 上海：上海人民出版社.

马述忠，2007. 国内支持、利益集团与多哈回合——对美国立场的政治经济学诠释 [J]. 管理世界 (3)：156-157.

马晓春，2010. 中国与主要发达国家农业支持政策比较研究 [D]. 北京：中国农业科学院.

门洪华，2003. 对国际机制理论主要流派的批评 [J]. 世界经济与政治 (3)：23-29.

莫沸，张领先，2007. 美国农业国内支持水平及政策 [J]. 世界农业 (11)：38-41.

农业部农业贸易促进中心，2005. WTO新一轮农业谈判框架协议解读 [M]. 北京：中国农业出版社.

彭建仿，杨爽，2011. 共生视角下农户安全农产品生产行为选择——基于407个农户的实证分析 [J]. 中国农村经济 (12)：78-91.

乔旭华，张建杰，2008. 粮食主产区农户粮作经营的行为取向与政策效应——基于河南省的调查实证 [J]. 农业现代化研究，29 (2)：142-145.

秦亚青，2008.《国家权力与世界市场》总序//约瑟夫·M. 格里科，G. 约翰·伊肯伯里. 国家权力与世界市场. 北京：北京大学出版社.

速水佑次郎，1993. 日本农业保护政策探 [M]. 朱钢，蔡昉，译. 北京：中国物价出版社.

速水佑次郎，弗农拉坦，2000. 农业发展的国际分析 [M]. 郭熙保，张进铭，等，译. 修订扩充版. 北京：中国社会科学出版社.

速水佑次郎，神门善久，2003. 农业经济论 [M]. 沈金虎，等，译. 北京：中国农业出版社.

孙女尊，2004. 巴西诉美国棉花补贴案 [J]. WTO经济导刊 (11)：86-87.

陶建平，陈新建，2008. 粮食直补对稻农参与非农劳动的影响分析——基于湖北309户农户入户调查的分析 [J]. 经济问题 (9)：74-77.

陶文昭，2007. 韩国新村建设的启示 [J]. 理论视野 (1)：20-22.

屠启宇，1997. 国家、市场与制度——国际制度论述评 [J]. 世界经济与政治 (8)：22-26.

汪洪涛，2009. 制度经济学 [M]. 上海：复旦大学出版社.

王蓓雪，田志宏，2006. 新一轮美欧牛肉争端案例分析 [J]. 世界农业 (1)：

17-19.

王传兴，2000. 制度效果：制度理论研究的新领域 [J]. 世界经济与政治，4
（4）：16-18.

王美艳，2011. 农民工还能返回农业吗？——来自全国农产品成本收益调查
数据的分析 [J]. 中国农村观察（1）：20-30＋96.

王永浩，等，2005. WTO框架下我国农业国内支持水平与结构优化 [J]. 农
机化研究（5）：33-35.

王蕴琪，2009. 中国农产品贸易条件研究 [M]. 北京：中国农业出版社.

温皓杰，张领先，傅泽田，2008. 欧盟农业国内支持水平及政策 [J]. 世界农
业（5）：22-24.

翁贞林，2009. 粮食主产区种稻大户稻作经营"双季改单季"行为的实证研
究——基于江西省619种稻大户的调研 [J]. 生态经济（4）：45-47＋51.

WTO秘书处，2008. 2007世界贸易发展报告 [M]. 中国世界贸易组织研究
会，译. 北京：中国商务出版社.

吴连翠，柳同音，2012. 粮食补贴政策与农户非农就业行为研究 [J]. 中国人
口·资源与环境（2）：100-106.

武拉平，等，2007. "蓝箱"政策改革对国内支持的潜在影响：中国及WTO
其他主要成员的对比 [J]. 世界经济（8）：36-45.

肖琴，2011. 粮食补贴政策效应研究 [D]. 武汉：华中科技大学.

谢建民，姜丽勇，2004. 均衡标准与纪律——巴西诉美国陆地棉花案及其对
多哈农业谈判的影响 [J]. 国际贸易（9）：43-45.

徐翠萍，2010. 中国农户收入、生产行为与技术效率研究 [D]. 上海：上海
交通大学.

阎学通，阎梁，2008. 国际关系分析 [M]. 北京：北京大学出版社.

杨增旭，韩洪云，2011. 化肥施用技术效率及影响因素——基于小麦和玉米
的实证分析 [J]. 中国农业大学学报（1）：140-147.

尹德永，2004. WTO补贴反补贴实体规则研究 [D]. 北京：中国政法大学.

殷秋霞，2014. 农业补贴政策对不同资源禀赋农户种粮决策行为影响机理及政
策优化研究 [D]. 南昌：江西农业大学.

印辉，2007. WTO环境规则研究 [D]. 重庆：西南政法大学.

余康，郭萍，章立，2011. 我国农业劳动生产率地区差异动态演进的决定因
素——基于随机前沿模型的分解研究 [J]. 经济科学（2）：42-53.

曾福生，戴鹏，2012. 农户种粮选择行为影响因素分析 [J]. 技术经济（2）：

80-86.

张莉琴，2001. 我国农业政策对农产品的有效保护效果分析 [D]. 北京：中国农业大学.

张曙光，2002.《中国对外贸易政策的政治经济学分析》评介 [M] //盛斌. 中国对外贸易政策的政治经济学分析. 上海：上海人民出版社：15.

张涛，王昆，马天云，2011. 河北部分农村撂荒耕地弃种小麦 [N]. 人民日报，2011-10-18 (10).

章安平，2010. 影响农产品贸易保护主要因素的因子分析 [J]. 现代财经 (5)：86-90.

赵梦涵，2010. 转轨期中国农业补贴及其效应研究 [D]. 济南：山东大学.

周应恒，等，2009. 近期中国主要农业国内支持政策评估 [J]. 农业经济问题 (5)：4-11.

朱满德，程国强，2011. 中国农业政策：支持水平、补贴效应与结构特征 [J]. 管理世界 (7)：52-60.

朱满德，2011. 中国工业化中期阶段农业补贴制度研究 [D]. 北京：中国农业大学.

宗义湘，李先德，2006. 中国农业政策对农业支持水平的评估 [J]. 中国软科学 (7)：33-41.

AERS，1985. History of agricultural price-support and adjustment programs 1933-84：background for 1985 farm legislation [R]. AERS.

Ahearn M C，El-Osta H，Dewbre J，et al.，2006. The impact of coupled and decoupled government subsidies on off-farm labor participation of US farm operators [J]. American Journal of Agricultural Economics (5)，88 (2)：393-408.

Alston J M，2010. The benefits from agricultural research and development，innovation，and productivity growth [R]. OECD Working Paper，2010-31.

Alston J M，James J S，2002. The incidence of agricultural policy [M] // Gardner B，Rausser G，eds. Handbook of Agricultural Economics：1659-1749.

Alston J M，Pardey P G，James J S，et al.，2009. The economics of agricultural R & D [J]. The Annual Review of Resource Economics (1)：537-566.

Anderson K，Croser J，2010. New indicators of how much agricultural policies restrict global trade [R/OL]. www. worldbank. org/agdistortions.

参 考 文 献

Bagwell K, Staiger R W, 2002. The economics of world trading system [M]. The MIT Press.

Bagwell K, Staiger R W, 2006. What do trade negotiators negotiate about? Empirical evidence from the World Trade Organization [R]. Columbia University Department of Economics Discussion Paper Series, No. 0607-04.

Barnum H N, Squire L, 1979. An econometric application of the theory of the farm-household [J]. Journal of Development Economics (6): 79-102.

Bastelaer T V, 1998. The political economy of food pricing: an extended empirical test of the interest group approach [J]. Public Choice (96): 43-60.

Blandford D, 2001. Are disciplines required on domestic support? [J]. The Estey Centre Journal of International Law and Trade Policy (1): 35-39.

Bouët A, Bureau J C, Decreux Y, et al., 2005. Multilateral agricultural trade liberalization: the contrasting fortunes of developing countries in the Doha Round [J]. The World Economy, 28 (9): 1329-1354.

Brink L, 2000. Economic and policy directorate, domestic support issues in the Uruguray Round and beyond [R]. Agriculture and Agri-Food Canada.

Brink L, 2009. WTO constraints on domestic support in agriculture: past and future [J]. Canadian Journal of Agricultural Economics (57): 1-21.

Brooks J, 2009. Why is agricultural trade policy always so difficult to reform? [J]. EuroChoices, 8 (2): 38-43.

Cai X, Ringler C, You J Y, 2008. Substitution between water and other agricultural inputs: implications for water conservation in a river basin context [J]. Ecological Economics, 66 (1): 38-50.

Daniel K, Kilkenny M, 2009. Agricultural subsidies and rural development [J]. Journal of Agricultural Economics, 60 (3): 504-529.

de Gorter H, Ingco M L, 2003. Domestic support for agriculture: agricultural policy reform and developing countries [R]. The World Bank Trade Note, No. 31907.

Dennis B N, Iscan T B, 2011. Agricultural distortions, structural change, and economic growth: a cross-country analysis [J]. American Journal of Agricultural Economics, 93 (3): 885-905.

Dimitri C, Effland Abw, Conklin Nc, 2005. The 20th century transformation of U. S. agriculture and farm policy: the 20th century and farm policy [R].

Electronic Report from the Economic Research Service. June，2005 No. 3.

Fabiosa J，Beghin J，Cara D S，et al.，2005. The Doha Round of the World Trade Organization and agricultural markets liberalization：impacts on developing economies ［J］. Review of Agricultural Economics，27（3）：317-335.

FAO，IFAD，OECD，et al. , 2010. Price volatility in food and agricultural markets：policy responses ［R］. http：//www. wto. org/english/news _ e/ news11 _ e/igo _ 10jun11 _ report _ e. pdf.

Cheng Fuzhi，2008. China：shadow WTO agricultural domestic support notifications ［R］. IFPRI Discussion Paper 00793.

Goodwin B K，Mishra A K，2004. Farming efficiency and the determinants of multiple job holding by farm operators ［J］. American Journal of Agricultural Economics，86（8）：722-729.

Grant J H，Boys K A，2010. Agriculture and the World Trade Organization：does membership make a difference? ［R］. CATPRN Working Paper，2010-03.

Hart C E，Beghin J C，2004. Rethinking agricultural domestic support under the World Trade Organization ［R］. Center for Agricultural and Rural Development，Iowa State University.

Inhwan J，2008. Determinants of agricultural protection in industrial countries：an empirical investigation ［J］. Economics Bulletin，17（1）：1-11.

Jensen H T，Robinson S，Tarp F，2010. Measuring agricultural policy bias：general equilibrium analysis of fifteen developing countries ［J］. American Journal of Agricultural Economics，92（4）：1136-1148.

Kee H L，Nicita A，Olarreaga M，2009. Estimating trade restrictiveness indices ［J］. The Economic Journal，119（1）：172-199.

Koo W，Kennedy P L，2006. The impact of agricultural subsidies on global welfare ［J］. American Journal of Agricultural Economics，88（5）：1219-1226.

Krugman P，1997. What should trade negotiators negotiate about? ［J］. Journal of Economic Literature，35（3）：113-120.

Kym A，2009. Can the WTO reduce agricultural trade distortions? ［R］. World Bank Working Paper.

Lamy，2011. Trade is vital for food security ［R］. WTO，2011-08.

O'Donoghue E J，Whitaker J B，2010. Do direct payments distort producers' decisions? An examination of the Farm Security and Rural Investment Act of 2002 [J]. Applied Economic Perspectives and Policy, 32 (1): 170-193.

Olper A, 1998. political economy determinants of agricultural protection levels in EU member states: an empirical investigation [J]. European Review of Agricultural Economics, 25: 463-487.

Platoni S, Sckokai P, Moro D, 2012. Panel data estimation techniques and farm-ievel data models [J]. American Journal of Agricultural Economics, 94 (5): 1202-1217.

Plaxico J, 1974. US Policies for food and agriculture in an unstable World [J]. American Journal of Agricultural Economics, 56 (2): 364-371.

Roberts I, Andrews N, 2009. Major US farm support policies and their links to WTO domestic support [R]. ABARE research Report, No (1).

Ron Juan Francisco, 2010. Food security, price volatility and trade: some reflections for developing countries [R]. ICTSD Report.

Subramanian A, Wei S J, 2007. The WTO promotes trade strongly but unevenly [J]. Journal of International Economics, 72 (1): 151-175.

Sumner D A, 2003. Quantitative simulation analysis of the impacts of US cotton subsidies on cotton prices and quantities [R]. Simulation Analysis for the WTO Dispute.

Tancu M D, 2010. US' and EU's agricultural policies in the context of GATT/WTO [R]. Aarhus University.

Thies C G, Porche S, 2007. The political economy of agricultural protection [J]. The Journal of Politics, 69 (1): 116-127.

Thompson R L, 2007. The 2007 U.S. farm bill and the WTO negotiations [R]. International Food and Agricultural Trade Policy Council.

Timothy E, Josling A V, 2004. Agricultural policy indicators [R]. FAO Commodity and Trade Policy Research Working Paper No. 4.

US Census Bureau, 2011. Statistical abstract of the United States: 2012 [M/OL]. 131st ed. Washington, DC: Books Express Publishing . http: // www. census. gov/compendia/statab/.

Vergara O, Coble K H, Patrick G F, et al. , 2004. Farm income variability and the supply of off-farm labor by limited-resource farmers [J]. Journal of Agricultural and Applied Economics, 36 (2): 467-479.

Weber J G, Key N, 2012. How much do decoupled payments affect production? An instrumental variable approach with Panel Datas [J]. American Journal of Agricultural Economics, 94 (1): 52-66.

Wise T A, 2004. The paradox of agricultural subsidies: measurement issues, agricultural dumping, and policy reform [R]. Global Development and Environment Institute Working Paper, No. 02.

Wolfe R, 2006. New groups in the WTO agricultural trade negotiations: power, learning and institutional design [R]. CATPRN Commissioned Paper CP. No 2.

WTO, 2006. http://www. wto. org/english/thewto _ e/dg _ e/dg _ e. htm.

图书在版编目（CIP）数据

农业多边谈判国内支持规则的形成机制与约束效果研究/郭丽楠，田志宏，徐明著.—北京：中国农业出版社，2019.5
ISBN 978-7-109-25367-4

Ⅰ.①农… Ⅱ.①郭… ②田… ③徐… Ⅲ.①农业政策—研究—中国 Ⅳ.①F320

中国版本图书馆 CIP 数据核字（2019）第 054890 号

中国农业出版社出版
地址：北京市朝阳区麦子店街 18 号楼
邮编：100125
责任编辑：徐 晖 段丽君
版式设计：韩小丽 责任校对：沙凯霖
印刷：北京印刷一厂
版次：2019 年 5 月第 1 版
印次：2019 年 5 月北京第 1 次印刷
发行：新华书店北京发行所
开本：880mm×1230mm 1/32
印张：6.75
字数：190 千字
定价：50.00 元
